国际大奖儿童文学

国际大奖儿童文学

居里夫人的故事

［英］埃列娜·杜尔利 著
詹婷 编译　可宸 绘

科学普及出版社
·北 京·

前　言

随着年龄的增长，人会越来越需要阅读，不只是因为在现实世界中我们需要不断进行知识升级，更是因为我们需要故事。故事是精神的食粮，使我们不致荒芜地走完人生的旅程。一个人的所有经历，从成为回忆的那刻起，便成为这个人独有的故事。我们在阅读故事时，会笑，会敬畏，会充满激情地去行动，会想改变什么，会更加了解人之为人的原因。

我们可以通过阅读一本本经典之作，了解别人的故事，反思我们自己的人生。阅读让我们不必亲身经历苦难而知道苦难。阅读也可以让我们重构过去，塑造现在，面向未来。对于孩子来说，也是如此。他们的喜怒哀乐，可以通过阅读找到共鸣，获得抚慰。

一个人在七八岁，或者更早一些的年纪，捧起第一本满篇都是文字的书，这便是独立阅读的开始。如果这本书是世界经典作品，那么它将告诉孩子，在哺育他的文化背景之外，还有另外一种文化。除了他看到的、想到的，还有一个人用另一种视角、另一种思想看待和理解我们这个世界。这种美妙的阅读体验，有时会被难以理解的词汇和拗口的语句阻碍，有时会被个人有限的知识束缚，有时会被过长的篇幅和未养成的阅读习惯牵制……

为了避免给孩子带来以上问题，在编译这套"国际大奖儿童文学"书系时，我们邀请了一线教研人员和儿童文学作家，一遍遍打磨本书系的语言，最大限度地让书中的语句形象生动、明白晓畅。让孩子在脱离父母、老师辅助的第一次自主阅读时，不但能自己读懂，还能在头脑中形成画面，领悟原著的精髓，领略文字的魅力，带来想象力的提升。

为了将绘本阅读带来的美好体验和审美习惯延伸进自主阅读中，本书系中的每个分册都加入了大量的精美插图，帮助孩子理解故事，增加阅读趣味。当然，本书系也十分适合亲子共读。父母不仅是孩子的长辈，也是孩子的朋友。共同阅读一本经典作品，可以更好地促进良好亲子关系的形成。或许，在与孩子讨论某个人物、某个片段时，孩子的独到见解，也能令父母再次成长。又或许，在听孩子复述一个个故事、描绘一位位主人公时，父母会惊讶于孩子表达能力的提高，以及他们情感的丰富与细腻。

阅读让我们了解其他人的观念与思想，让不同的人拥有互通的语境。在这个背景下，我们有了沟通的桥梁，能够更好地给予理解，产生共鸣。希望本书系能成为孩子成长的多功能桥梁，而不局限于阅读一个方面，这也是本书系出版的初衷。

目 录

001　第一章
　　玛妮娅的歌

008　第二章
　　玛妮娅求知

017　第三章
　　抗争

025　第四章
　　一整年的假期

034　第五章
　　人们

045　第六章
　　幸与不幸

052　第七章
　　变化

058　第八章
　　"我摘下太阳，把它抛出去……"

072　第九章
　　玛丽的爱情

082　第十章
　　居里夫人

第十一章	092
伟大的发现	

第十二章	101
黑暗中的光亮	

第十三章	110
放弃申请专利	

第十四章	116
黑暗降临	

第十五章	124
不管发生什么	

第十六章	134
战争	

第十七章	144
回家	

第十八章	151
美国之行	

第十九章	160
美好的假期	

第一章
玛妮娅的歌

为什么不行？为什么不可以？到底是为什么？为什么不让我读书？玛妮娅有一肚子疑问，可她不想去问温柔美丽的母亲。她双手托着倔强的小脑袋想啊想，那双灰色的明亮的眼睛从金色的刘海下透出锐利的光，望着外面。

总是这样！她小声嘟哝道："我为什么不能读书呢？"她只要一拿起书，立马就会有人说"亲爱的玛妮娅，快去花园玩会儿吧！"或者说"你的布娃娃呢？你已经一整天都没有玩了。"要么就是："快来用这些漂亮的新积木盖房子吧！"玛妮娅早就看穿了他们这些小把戏。她读书就代表不听话——可这"规则"只针对她一个人，如果换成布洛妮娅就完全不一样了。可事实上，她会读书，而布洛妮娅根本就不会。这太令人费解了！只要她从布洛妮娅那里"夺"过来一本书，就是犯了大错，尽管她没有一点儿恶意。有时，她们在叔叔的果园里没事做，布洛妮娅会喊她一起玩字母卡片，她俩就躺在草地上饶有兴致地用字母拼单词。有一天她俩

从叔叔家回来，爸爸喊住她俩，对布洛妮娅说："来，看看你最近读书进步了没有？"布洛妮娅站在那里打开书开始读，可是她读得结结巴巴。玛妮娅听得不耐烦，一把把书夺过来读了下去。"玛妮娅！"妈妈诧异地喊道，爸爸则一脸严肃，布洛妮娅也气得直瞪她。玛妮娅一下子慌了，忍不住抽泣起来："原谅我吧，原谅我吧……我不是故意的。"

从那天起，家里人就不让玛妮娅读书了，玛妮娅站在妈妈的房间门口犹豫着，想知道她该做什么。布洛妮娅正在和约瑟夫、海拉一起玩堆堡垒打仗的游戏，于是整个早上，玛妮娅一趟趟地穿过长长的走廊，忙着给布洛妮娅运送"弹药"。堡垒是用新积木搭成的，"弹药"自然也是积木搭的，不一会儿，玛妮娅就又热又累，便退出了游戏。她想找大姐姐一起去花园，"佐西亚！……佐西亚！"她回屋子里喊道，两姐妹便手牵着手出去了。佐西亚十二岁了，在他们四个小孩子的眼中俨然是个大人了，他们四个分别是约瑟夫、布洛妮娅、海拉和玛妮娅。玛妮娅四岁时就会阅读了，不过斯克沃多夫

·003·

斯基先生和夫人不想让早慧的小女儿过早地承受压力，所以不想让她读书，但他们并没有把真实的想法告诉玛妮娅。

花园四周环绕着围墙，里面大而平整，草地有些稀疏，但树木葱郁繁茂。她们可以在花园里的大部分地方尽情玩耍，不过沿着小径进出花园时要格外小心，因为她们不得不经过奥格尔家的窗前。这个花园是男子中学的，斯克沃多夫斯基一家和奥格尔都住在学校里。即使是佐西亚，在经过奥格尔家的窗前时也很紧张，她放缓脚步，压低声音告诉妹妹要保持安静。

尽管玛妮娅只有五岁，但她已经知道了很多事情。她知道奥格尔是个可怕的人，因为有一帮人将她的祖国波兰分裂成了三部分，并让外人占领了它，就像三个巨人瓜分战利品一样，而奥格尔就是这帮人中的一员。玛妮娅是波兰人，奥格尔是俄国人，他是玛妮娅的父亲任教的那所学校的校长，玛妮娅的父亲在学校里教授数学和物理。奥格尔严厉监视着学校里所有的波兰人，他们平时的一举一动都要表现得像俄国人一样；玛妮娅知道，和这样的人相处必须时刻保持警惕、小心，以免被抓住什么把柄。

玛妮娅还知道不少呢，比如尽管她生活在城里，但她知道乡下是个美丽有趣的地方。乡下有很多人，还有她的叔叔婶婶和堂兄弟姐妹，非常热闹。玛妮娅喜欢乡下，她可以在小溪里划船蹚水，还可以用泥巴做泥巴馅饼，在阳光下烘烤美味的泥巴蛋糕。乡下还有一棵老椴树，她的七个堂兄弟姐妹喜欢爬上去，把盛着醋栗的凉凉的卷心菜叶铺在树枝间，坐在树上尽情地吃醋栗。玛妮娅个子太小,他们就把她举到树枝上,摘果子给她吃。整个七月,玛妮娅简直成了一个玩疯了的乡下娃。

玛妮娅还很了解她的妈妈。玛妮娅知道妈妈爱她胜过这世界上的一切。在玛妮娅眼里,妈妈不仅温柔美丽,而且歌声动听。每天晚上睡觉前,妈妈都会轻柔地抚摸玛妮娅的额头和秀发,玛妮娅喜欢这种特别的亲昵方式。每天晚上,全家人都会围跪在餐桌旁一起祷告,"愿上帝保佑妈妈健康"。玛妮娅从来没有想过这是因为妈妈病了,或者这和妈妈不能亲吻她有什么关系。

玛妮娅出生于1867年11月7日,父母为她取名玛丽亚,不过大家都叫她玛妮娅或玛妮西娅,或者更亲昵地喊她另外一个特别的小名——安丘佩西奥。因为在波兰,人们特别喜欢昵称。佐西亚在花园里给玛妮娅讲了一个长长的关于安丘佩西奥的故事。说到讲故事,谁也比不上佐西亚,而且她还喜欢自编喜剧小品,兴致盎然地演给弟弟妹妹们看。佐西亚演得活灵活现,玛妮娅时而捧腹大笑,时而提心吊胆,都分不清自己到底生活在哪个国家,故事中的人物是真是假了。

她们到家时,发现父亲已经下课回来了,正坐在书房里,那是家里最大、最有趣的房间。两个人悄悄地溜进去,看见妈妈正坐在那里给玛妮娅做鞋子,剪刀嘎吱嘎吱地响,穿过硬邦邦的皮革;蜡线在皮革层间穿梭、拉紧,发出刺啦刺啦声;小锤子一下一下敲在钉子上,叮当叮当地响。斯克沃多夫斯基夫人那双纤细白皙的手,即使做着这样粗笨的活计也依然显得轻巧灵活——不过她不得不这样,因为五个孩子一年要穿坏好多双皮鞋。

那天晚上,爸爸一直在讨论奥格尔——平时也常常提起他。奥格尔对这个家庭影响很大,而且以后还会更大。奥格尔最近在学校严厉地惩罚了一个波兰男孩,就因为男孩一时疏忽,在俄语语法上犯了一个错误,要知道俄语可是最难学的外语之一。斯克沃多夫斯基先生没有忍住,为男孩辩驳了一句:"奥格尔先生,尽管您是地地道道的俄国人,但有时不也难免犯语法错误吗?"奥格尔没有立即反驳,他眉头紧皱,怒目而视,最终还是忍住了,但他不会善罢甘休的。

玛妮娅沉浸在自己的幻想里,扬着小脑袋在书房里四处走动,不过她小心翼翼地不去打扰哥哥姐姐——他们正围在爸爸那张光滑的大桌子上写家庭作业。屋子一侧的墙上挂着一幅精美的主教画像,据说是出自名家之手,但是玛妮娅对它一点儿也不感兴趣。她喜欢桌上的那台亮闪闪的座钟,爱盯着钟表表盘听它清脆的嘀嗒声。她还喜欢那张色彩亮丽的来自意大利西西里的餐桌,常常轻轻地用手指在光滑的大理石台面上划来划去,但是不喜欢摆在上面的如蓝色塞夫勒杯子这类易碎的东西,她特别小心地避开了它们。而其他的宝贝则不然,它们更友好也更神秘,还有着可爱的长长的难懂的名字——比如挂在墙上的精密气压计,爸爸每天都会在孩子们聚精会神的注视下细心地检查、擦拭它;还有摆在玻璃柜里的玻璃试管、精巧的天平、矿物质和金箔验电器。

"那些是……"有一天,玛妮娅望着玻璃柜里的东西着了迷,忍不住好奇地问。

"那些是什么？"爸爸用严肃又略带玩笑的语气简要地答道，"那些是物理仪器。"

爸爸没有想到，玛妮娅自己也没有想到，日后她会和物理仪器结下不解之缘，但她此刻很喜欢这个听起来有点儿古怪的名词，跑出去把它当作歌谣哼唱：

"物——理——仪——器，物——理——仪——器……"

第二章
玛妮娅求知

玛妮娅的学校是个奇怪的地方,她在那儿学的东西也很奇怪。比如,如何做被禁止的事情,如何迅速掩饰违反纪律的小动作,如何假装在做根本没做的事,如何哄骗政府巡查员。因为玛妮娅比一般孩子都要聪明,所以她很快就做得比其他人都好。但这所学校最奇怪的就是,无论班主任还是女校长都认为玛妮娅是个乖巧的好帮手,而不是个让人头疼的问题学生。

一天,班里的二十五个学生聚精会神地上历史课——这比英语课有意思多了,因为这是一堂禁课。老师和二十五个学生都清楚地知道这是违反规定的。

孩子们在教室里端正地坐着,她们的年龄大多在十二岁左右。年仅十岁的玛妮娅坐在第三排靠窗的位置,透过高高的玻璃窗可以看到外面白雪皑皑的草坪。班里所有的孩子都穿着带有金属纽扣和白色大领子的海军蓝校服,头发梳成整齐的发辫,用蝴蝶结绑在耳后。此刻她们都竖起了耳朵，左耳朵认真地听着历史课上的每一个字，右耳朵警觉地留意着随时可能响起的门铃声——她们全都违反了规定，随时可能被抓走！

玛妮娅正在回答问题——老师喜欢叫她回答问题，因为她的历史成绩一直名列前茅，而且数学、文学、德语和法语也都出类拔萃。此刻，玛妮娅正在讲述她了解到的有关波兰国王斯坦尼斯拉斯·奥古斯特的事迹：

"1764年，奥古斯特被推选为波兰国王。他睿智英明，受过良好的教育，喜欢和诗人、艺术家交朋友。他深知波兰王国衰落的原因，试图让它强大起来，但不幸的是，他缺乏勇气……"就连玛妮娅这样的小女孩也知道国王必须要有勇气，她的语气里满是惋惜，这是一个早早懂事的十岁孩子发出的沉重叹息。当——当——叮，叮，叮，所有人都吓了一跳，然后每个人都迅速行动起来，并保持绝对的安静。图普西亚，她们的女老师匆匆收起波兰文课本，所有孩子七手八脚地把波兰历史书和练习本摞在一起，放进五个值日生的围裙里。这五个女孩托着围裙快速冲进住校生的宿舍里把书本放好。其他人则拿出针线活儿，在棉布块上练习锁扣眼，仿佛从未做过其他事情。

俄国巡查员走进来，陪在他身旁的是女校长，她神色有些慌张，今天发出的警铃声太晚了，巡查员抢先一步闯进教室，她担心孩子们没有足够的时间掩饰违规行为。但事实上，孩子们没有露出一点儿破绽，她们正专心地做着针线活儿，看不出有什么异样。唯一有点儿可疑的就是那五个值日生女孩，她们的脸颊跑得红扑扑的，气息还没有喘匀。但巡查员根本就注意不到这一点。

巡查员霍恩伯格先生一屁股坐在椅子上。他身材粗壮,剃了光头,上身穿了件缀有锃亮的银纽扣的蓝色夹克,下面穿了条黄色裤子,这身制服为他平添了几分帅气。一片寂静中,他透过金边眼镜眼神凌厉地扫视着在座的每一名学生,并迅速瞥了一眼图普西亚摊开着放在桌子上的书。

"女士,她们做针线活儿时您正在大声朗读?"他问道,"读的是什么书?"

"《克雷洛夫寓言》,我们今天才刚开始学。"

霍恩伯格熟悉这本俄文书,并打心眼里喜欢它。他随手拉开一张桌子的抽屉,里面空荡荡的。孩子们手中的活儿做完了,安静地坐在那里礼貌性地等着巡查员训话。霍恩伯格一点儿也没有觉察到那一张张平静的小脸儿背后深藏着的恐惧、机灵和对他深深的憎恨。

"女士,请叫一名学生起立。"

图普西亚松了一口气,她当然要挑一名绝对不会出乱子的学生。然而,这名学生此刻也正在心里默默祈祷:"上帝,求求您,别叫我去,别叫我去……"不过,她没有得到上帝的回应,却真真切切地听到了图普西亚在喊"玛丽亚·斯克沃多夫斯卡"。

玛妮娅站起来,她一会儿浑身发烫,一会儿又如坠冰窟,一阵强烈的屈辱感扼住了她的喉咙。

"背诵祈祷文!"霍恩伯格命令道。

玛妮娅听从了巡查员的命令，用俄语而不是她们自己民族所习惯用的拉丁语，不带任何感情色彩地将祈祷文背诵了出来。

"说出继叶卡捷琳娜二世以后统治我们神圣俄国的沙皇名字。"

"叶卡捷琳娜二世、保罗一世、亚历山大一世、尼古拉一世、亚历山大二世。"玛妮娅用发音标准的俄语背诵道，几乎和土生土长的圣彼得堡人没什么区别。

"说说沙皇家族的名字和称号。"

"女皇陛下、亚历山大太子殿下、大公殿下……"

"很好！我们的统治者是谁？"

玛妮娅迟疑了一下，努力掩饰心中的愤怒。

"我们的统治者是谁？"霍恩伯格恼火了，再次大声问道。

"沙皇亚历山大二世陛下。"玛妮娅结结巴巴地说道，脸色变得煞白。

提问结束了，巡查员起身走了，他对刚才的所见所闻很满意，觉得自己领导的部门取得了真正的成功。但玛妮娅难受得崩溃大哭，心都要碎了。

放学了，孩子们走到外面的街道上，兴奋地向前来接她们回家的妈妈或保姆讲着刚才发生的事。她们说话时全都压低声音，因为她们心里很清楚，每一个路过的或闲逛的人都可能是警察的密探，哪怕是孩子说的话也会报告给政府。

海拉和玛妮娅一边一个挽着露西亚姑姑的胳膊。"巡查员询问了玛妮娅。"海拉低声说，"她回答得棒极了，可事后却哭得像个婴儿。不管怎么说，那个巡查员没有逮到任何人的错。"

玛妮娅什么都没有说。她讨厌这一切——讨厌这种恐惧，讨厌自己生活在一个被奴役的国家，讨厌不得不说谎，一直在说谎。当她紧紧挽住姑姑的胳膊时，她想起了所有讨厌的事情。先是想起了用尽各种手段让父亲失去教授职位的奥格尔，家里的经济状况因此一下子窘迫起来，迫使他们不得不收一些寄宿生在家里，以致这个家变得像个吵闹的集市，往日恬静亲密的家庭生活消失了,让人感到不适和心烦。但这点儿小苦恼和再也没有佐西亚陪伴、讲故事、听她说悄悄话比起来,根本不值一提。因为后来佐西亚被一名寄宿生传染上了斑疹伤寒,永远地离开了这个世界。

阳光明媚,露西亚姑姑领着两个孩子穿过积雪覆盖的公园,往华沙老城走去。那里街道狭窄,两侧高大的建筑物那倾斜的屋顶上还盖着一层厚厚的雪。一路上不时可以看到建筑物上装饰的一些造型奇特的小雕塑:圣母的面部雕像、奇异的石兽等。

突然,头顶传来古老教堂的钟声,在寒冷的空气中显得清晰而嘈杂。这一带有很多教堂,三人穿过其中一座教堂的黑色大门,很多年前玛妮娅跟着妈妈和姐姐们经常来这儿做礼拜。没有了佐西亚,玛妮娅要怎么走进去呢?但她最终还是进去了,因为此刻她心里有比任何时候都强烈的恐惧,她想恳求上帝让她的妈妈赶紧好起来。"让妈妈快点儿好起来吧,"玛妮娅在心里祈祷,"只要妈妈能好,我愿意替妈妈去死。"

三人又走出教堂,呼吸着冬日里寒冷干燥的空气,露西亚姑姑提议去维斯瓦河[①],到河边的货船上买些苹果。孩子们暂时忘却了忧伤,蹦蹦跳跳地跑下台阶,朝河边走去。宽广的维斯瓦河翻滚着黄色的浊浪,绕过河中沙洲向前流去,停靠在河面上的一排空荡荡的驳船,有时会在河水的冲击下撞到岸边的洗衣房,发出重重的拍击声。整个冬天,只有两

---

① 维斯瓦河,被称为波兰的母亲河,是波兰境内最长、流域面积最大的河流。

条运苹果的货船周围是热闹的，它们从上游很远的地方过来，给华沙的孩子们带来金子般的欢乐。船主穿着暖和的羊皮大衣，把装有苹果的货箱搬出来，掀开上面的稻草，向人们展示他的商品：尽管经过长途航行才运到这里，但苹果红润光亮，丝毫没有被冻坏。

先是海拉，随后是玛妮娅，她们丢下暖手筒和书包，开始兴奋地挑起苹果来。两人把挑好的苹果整齐地码进大柳条筐里，偶尔发现了坏苹果就用尽力气扔到维斯瓦河里，比赛看谁扔得远。

露西亚姑姑雇了一个男孩把挑好的苹果送回家，然后带着两个小女孩下了船，此时她俩正狼吞虎咽地啃着红苹果。

三人下午五点才到家，吃过一顿比苹果更丰盛的晚餐后，开始围坐在大桌子旁写家庭作业。几分钟后，房子里就响起了令人心烦的嘈杂的读书声，而且在之后的很多年里一直如此。孩子们必须要用俄语学习，尤其是用俄语学习数学对他们来说难度大了不少。学习法语和德语的语法也要用俄语，他们不认识的单词也要用俄语词典查。他们用波兰语完全能理解那些论证方式，但是每当课堂上要用俄语复述，并要用俄语解决几何问题时，就又令他们一头雾水了。他们必须用俄语写作，而且要直接用俄语来学习法文。总之，学习太难了。

但玛妮娅没有这种烦恼，她就像一位有魔法的小魔术师，轻轻松松就学会了使用俄语。无论多难的俄语诗歌，她只要读两遍就可以完全掌握，她可真是个幸运儿！而且，她还是一个善良的幸运儿，她的作业提前完成时，会帮助别人解决难题。不过，并非总是这样。如果有机会，她会拿一本书坐在大桌子边，双手捂住耳朵不听海拉的背诵，静静地阅读。玛妮娅读书的时候，完全沉浸其中，周围的任何声响都惊动不了她。家里人有时会特意和她开玩笑，敲打着罐子，制造出如同动物园里的喧闹声响，却从来都不能让玛妮娅抬头看一眼。全神贯注，这是上天赐予她的最美好的礼物。

有一次，玛妮娅看书时，几个调皮鬼用椅子在她周围搭了一个"架子"，先是两边各放一把椅子，再在后面放一把，然后在这三把椅子上架上两把，最后在上面横放一把。玛妮娅不仅没有听到身边搭椅子的声音，也没有察觉到椅子和搭建的人，更没有注意到他们兴奋的窃窃私语和努力压制的嗤笑声。她看完书，一抬头，"椅子大厦"呼啦一下倒塌了，躲

在一旁的家伙们爆发出响亮的笑声。这让玛妮娅有些恼火。她揉揉刚才被椅子砸痛的肩膀，淡然地拿起书走进另一个房间，从这几个调皮鬼身边走过时，丢下一句话："真幼稚！"

晚上睡觉时，斯克沃多夫斯基家的女孩们就在餐厅里打地铺，因为卧室让给了付费的寄宿生。睡到半夜，毯子滑落，她们被冻得直打哆嗦。早上天不亮她们就得起床，因为要腾出餐厅给学生准备早餐。

玛妮娅对这些事都不在意。然而母亲的病越来越重，她自己也感觉到了。玛妮娅总是向上帝祈祷，可是上帝似乎没有听到十岁的玛妮娅的话。春天，五月的时候，玛妮娅还不到十一岁，母亲撒手离开了人世，临终前，她喃喃地对小女儿说："我爱你。"

现在，玛妮娅对生活有了更深的体会，认识到面对真实的生活，不仅仅是一个国家的国王需要勇气，整个国家的大人和孩子都是需要充满勇气的。她对这一切有自己的见解，生活残忍而不公平，但她坚定、愤怒，绝不屈从。

· 第三章 ·
抗争

玛妮娅十四岁了，不过还没有出落得像姐姐们那般漂亮。布洛妮娅已经是个大人了，穿着及地长裙，一头金发在脑后盘成一个发髻。她接替了母亲的职责，操持家务、照顾寄宿的学生。海拉十六岁了，俨然已经长成一个白皙高挑、举止优雅的美人。约瑟夫也长得高大英俊，他正在大学的医学院读书。

女孩们憧憬着将来自己也能上大学，可在俄国统治下的波兰，女子是不被允许上大学的。如果她们想要在学业上更进一步，只能自学或者去其他国家留学。

不过眼下，玛妮娅对自己还比较满意。她已经上了高中，像小松鼠捡到了它所需的所有松果那样快乐。但是她很为布洛妮娅担心，如果上不了大学，布洛妮娅该怎么办呢？她，玛妮娅，难道不能想一个办法让布洛妮娅去某个国家吗？在那里女孩们可以学任何她们想要了解的东西。玛妮娅下定决心，要努力赚钱供姐姐读书。然而，赚钱的捷径就是顺利毕业！一天早上，玛妮娅起晚了，如果她不快点儿吃完早餐，上学就要迟到了。她切好午餐吃的三明治，正准备切夹在里面的羊肉时，朗斯特跑过来把肉抢走了。玛妮娅的思考被打断了，她反应过来——从朗斯特嘴里救出了羊肉。朗斯特是一条红毛猎犬，是全家人的宠儿。它很漂亮，也特别淘气，老是搞各种破坏。它的耳朵、尾巴和四条腿上都长着金色的毛发，本来应该是一条温顺的猎狗，不过并没有被驯化。玛妮娅，还有她的哥哥姐姐都非常宠爱它，还常常亲吻它，简直把它宠成了一条哈巴狗。它在椅子上睡觉时，尾巴轻轻一扫，桌上的花瓶掉下来碎了一地；准备好的午餐，一不留神就被它叼了去；有人来访时，它汪汪直叫，还把客人放在门厅的手套和帽子叼走——等找到时，手套和帽子已经破得没法戴了。

玛妮娅终于把午饭装好了，她背上书包，让朗斯特乖乖地待在家里，转身朝学校跑去。

经过扎莫伊斯基伯爵的蓝色宫殿时，玛妮娅停了下来。她在那只守卫着古老石头庭院的青铜狮子前犹豫了一下，然后用手将狮子嘴里沉重的铜环翻上去推到它的鼻子上。

"玛妮娅，稍等一下，"一个声音从窗边传来，"卡齐亚马上下去。"玛妮娅经常来喊卡齐亚一起上学，她是伯爵图书馆管理员的女儿。如果卡齐亚下来晚了，玛妮娅就把铜环推上去，然后独自去学校。这样卡齐亚看到的话就知道玛妮娅已经来过了。

"今天下午过来喝茶。"卡齐亚的妈妈亲切地喊道，"我准备了你最喜欢的冰可可。"

"你一定要来哟!"卡齐亚跑过来,"哦!我们快要迟到了,快走!"

于是,她们沿着狭窄的街道一路小跑,穿过公园。去学校的路很长,她们有充足的时间聊天,也有充足的时间玩一些游戏。在下雨的日子里,她们会特意穿着胶鞋去踩水坑深处,拖出一长串的水印;天气晴好的时候,她们就玩"绿色"游戏。

"咱们一会儿去商店买个新笔记本吧,"玛妮娅说道,"我看见他们新进了一些特别好看的笔记本,有着绿色的封皮……"

但卡齐亚早有防备,一听到"绿色"这两个字,不等玛妮娅说完,她立马从口袋里拿出早就准备好的一块绿色天鹅绒给她,这样就能避免被罚。不过游戏没有进行下去,玛妮娅似乎不想玩这个游戏。她议论起上一节历史课,老师突然一反常态地告诉大家波兰只是俄国的一个省,波兰语也只是一种方言。

"不过,老师的神色不大自在。"玛妮娅说道,"你注意到没有?老师根本不敢直视我们的眼睛,脸色也有些苍白。"

"没错!"卡齐亚说,"他的脸几乎变成了'绿色'。"话音刚落,她就看到玛妮娅在她面前捻动着一片嫩绿的栗子树叶。

"糟糕,我们已经走过纪念碑了!"玛妮娅惊慌失措地喊道,"天哪,我们得赶快走回去!"然后她们回到了萨克森广场,广场中央竖立着一根高高的石柱,石柱周围卧着四只石狮子。柱子上面刻着"纪念忠于君主的波兰人"。这是沙皇为那些背叛祖国、与压迫者狼狈为奸的波兰叛徒竖

立的。所有忠心爱国的波兰人经过这里时都会向纪念碑吐口唾沫。玛妮娅和卡齐亚每次都会这样做，哪怕不小心走过了也要回去补上，即使这样会迟到。

"你今晚会去看跳舞吗？"玛妮娅问道。卡齐亚当然要去。每周几个要好的家庭都要聚在一起办舞会，不过只有已经成年的女孩们才能去跳舞。卡齐亚和玛妮娅现在还只能坐在那里静静观看。尽管如此，她们通过研究舞步、探讨动作、熟悉曲调，还是学会了一些跳舞的技巧。等大人们跳完了，她俩就在那里练习。

她们穿过拱形校门，走进院子里，边走边聊着长大后能做哪些趣事。女孩们从四面八方涌进这座光秃秃的三层楼，到处洋溢着欢笑声和兴高采烈的问候声。这时，一个女孩形色匆匆地走进来，低着头尽量避免引起别人的注意。玛妮娅和卡齐亚朝她跑过去，发现她的眼睛红肿着，衣服也乱糟糟的，像是来不及收拾就来了。

"怎么啦，库妮卡？"她们急切地询问道，其中一人伸出胳膊搂住了她。

"库妮卡，发生什么事了？"

库妮卡苍白的脸上满是痛苦，费了好大的劲儿才开口说出话来。

"我哥哥出事了……"她抽泣着说道，"他参加了一个密谋行动……被人告发……已经整整三天没有他的任何消息了……他们……他们明天黎明时就要绞死他。"

女孩们呆住了，大脑一片空白。两人把库妮卡从人群中扶到一边，俯下身来，想要理解她说的话，并试图安慰她。可是，对一个哥哥明天将要被绞死的人来说，任何安慰的话都是苍白无力的。玛妮娅和卡齐亚认识那个充满活力的男孩，他是她们的朋友。他什么也没有做错，可为什么就要死了呢？

"快点儿，快点儿，闲话说够了吧！赶紧回去上课！"耳边传来德国校长梅耶尔小姐那令人讨厌的催促声，三个人不得不藏起痛苦，走进教室。

这所学校已经不再是玛妮娅小时候上的那所私立学校了，如今已变成俄国统治下的公立高中。在这里，除了学生，其他一切都是俄国的。波兰孩子只能上这所学校，他们没有办法，因为只有在这里才能获得文凭，获得文凭才有可能顺利找到工作。她们还在上学，但比她们的父辈更富有抗争精神，更渴望能自由地表达思想。玛妮娅和卡齐亚常常编各种俏皮话嘲弄她们的俄国老师和德国老师，尤其是梅耶尔小姐。梅耶尔小姐憎恨玛妮娅，而玛妮娅对她的憎恨更是有过之而无不及。

梅耶尔小姐个头矮小、皮肤黝黑，为了更好地监视女孩们而不被发觉，她总是穿着一双软平底鞋四处走动。

"哼，不必和那个斯克沃多夫斯卡多费口舌！"她无可奈何地说，"和她说话就像扔青豆砸墙，毫无作用。"

"看看你那头蓬乱、毛糙又鬈曲的头发，玛丽亚·斯克沃多夫斯卡！你多久才梳一次头？过来，让我给你梳一下，最起码让你看起来像个得体的女学生。"

"哼，就像个德国的小姑娘！"玛妮娅心里不满地嘀咕着，但她什么都没说。于是，梅耶尔小姐拿着那把梳过无数人头发的梳子，狠狠地梳着玛妮娅的头发。可是不管她多么用力，那些鬈发都像是故意和她作对一样——仍旧挣脱出来，飘在玛妮娅那张叛逆的小圆脸周围。

"不要用那样的眼神看我！"梅耶尔小姐气急败坏地喊道，"不许俯视我！"

"我也没办法啊。"玛妮娅平静地答道，因为她比梅耶尔高出了整整一头。玛妮娅为这种梅耶尔小姐挑不出刺的反击感到窃喜。

不过，她们喜欢学校里的一些老师，他们中有一些是波兰人。令她们惊讶的是，在一些俄国老师身上，竟也有着对波兰的同情。于是，她们开始明白，即使在俄国也有抗争的人。她们的一位俄国老师竟然把一本革命诗集当作奖励送给学生。这无声的举动迅速在学校里传开，学生们都用好奇而钦佩的目光打量起这位老师。波兰人是可以和俄国人团结在一起的。是的，没错！玛妮娅的同学不就有俄国人、波兰人、德国人、犹太人吗？大家坐在一起上课，丝毫感觉不到有什么种族上的区分。而放学后，各个国家的人会保持距离，因为要提防可怕的间谍。

尽管这样，玛妮娅依然喜欢她的学校，她有点儿羞愧地承认了。"你知道吗，卡齐亚？"她有一次在假期给这位好友写信时说道，"我喜欢这所学校。也许你会嘲笑我，但我还是要告诉你，我喜欢这所学校，甚至谈得上爱。我虽然没有特别渴望上学，肯定没有！不过，想到要回去上课，我并不觉得难过，哪怕再在那里度过两年时光，也不觉得痛苦难熬……"

但就在这一天,当梅耶尔小姐把学生们从院子里叫回来时,玛妮娅却根本无心上课。在这样一个阳光灿烂的早晨,仅仅片刻之前,她脑子里还在想着音乐、跳舞和玩耍;但忽然之间全都变了,课堂上的内容她什么都听不进去,眼前只浮现出那个年轻男孩热情的面庞,以及黎明中冰冷的绞刑架……

那天晚上,她们根本无心在斯克沃多夫斯基家跳舞。玛妮娅、布洛妮娅、海拉、卡齐亚和她的姐姐乌拉都默默地陪在库妮卡身边,一直守夜到天明,心里想着那个即将离开这个世界的男孩。守夜是天主教的习俗,能让人保持头脑清醒。六个女孩围坐在一起,我们这些快乐的人是无法体会到她们此时的心情和想法的。这和我们面对亲人自然死亡时的心情截然不同,即便是孩子也深深地明白这一点;但这种——只能静坐着等待时间一点一滴地流逝,等待着最后残忍时刻的到来,等待着人类用不义之行将黎明玷污——简直太可怕了。这场守夜一定是静寂无声的,因为无处可说,也无能为力,只有万千思绪,只有六颗年轻反叛的心中那反抗的思想在涌动。她们只能竭尽所能地安慰库妮卡,因为同情而心如刀割。她们试图让库妮卡喝点儿热茶,轻轻地搂着她,帮她拭去泪水。忽然,她们察觉到一丝不同于烛光的微光照进来,天空中出现了一抹绯红,红色的黎明到来了!六人纷纷跪在地上,将惊恐的面庞埋进臂弯,为那个年轻的抗争者祈祷。

第四章
一整年的假期

玛妮娅十六岁了。颁发金奖章的日子悄然到来了,玛妮娅是家里第三个获得金奖章的孩子。当时正是六月,天气炎热。玛妮娅和其他获奖者一样,身穿黑色礼服,胸前别着一束蔷薇花,人们围着她向她握手道贺。毕业典礼结束了,玛妮娅紧紧地挽着一脸自豪的父亲的胳膊,永远地告别了高中生活。

父亲许诺要给她一整年的假期。休假一年!这确实是一份大礼!玛妮娅不明白父亲为什么要给她这么长的假期,父亲说这是因为她学习勤奋,而且比同龄的女孩更早地毕业,她理应好好享受一段自由时光,悠然地等着同龄人赶上,这很公平。于是一向勤奋的玛妮娅一下子变成了"小懒虫",开始尽情地享受闲适的时光。

"我亲爱的小鬼,"她写信给卡齐亚,"我已然不知道这世界上还有代数和几何这类东西。我早就把这些东西全都抛到九霄云外去了。我什么都不做,甚至开了头的手工活儿也搁置了……我早上有时十点起床,有时六点，什么也不学，有时间就读读故事书。可以说，现在的我已经成了一个彻头彻尾的大笨蛋。有时我会嘲笑自己的无所事事，不过我打心底对这种状态感到满意。我们结伴去树林里漫步，有时会一起打羽毛球——在这方面我笨得要命，有时还玩捉迷藏和抓头领这种小孩子玩的游戏。这儿的野草莓到处都是，花一个硬币就能买足够一顿饭的食物——能堆满一大盘子，堆得高高的还止不住地往下掉。唉，真可惜，这个季节要过完了。我的胃口大得惊人，我都要被自己贪吃的样子吓到了。我们常常去荡秋千，总是荡得高高的，都要摸到蓝天了；我们去河里游泳，还举着火把逮虾。顺便说一句，我们遇到了一个演员。他为我们唱歌、朗诵，还摘了好多醋栗送给我们。作为回报，在他动身前往华沙的那天，我们用野生罂粟花、白色石竹、蓝色矢车菊编了一个大大的花环送给了他。伙伴们说，他把花环戴在脖子上，等火车进站时又把花环装进了行李箱，一路带到华沙去了。"

玛妮娅要在乡下度过一整年，她喜欢这里的一切。她将亲身经历四季的更迭，不断发现波兰这片土地上的自然之美。她的叔叔塞维尔住在兹沃勒平原上。在这里，极目远望，可以看到平坦的大地一直向远方延伸，直至天边的地平线，绿色的大地上点缀着一块块刚犁过的黄色耕地。叔叔家的马厩里养了很多匹马，于是玛妮娅很快便学会了骑马。玛妮娅从堂姐那里借来的马裤太大，就用皮带把裤子扎起来，在腰间形成一圈褶皱，然后整装待发。她左手拉着缰绳，抓住马的鬃毛，左脚踩在马镫上，右手扶着马鞍，她想像叔叔和堂姐妹那样一跃而上。可是想骑到马背上可不容易，任凭她又蹦又跳，就是上不去；尽管那匹温顺的老马一直一动不动地站在那里，她还是上不去。

"做得不错！"叔叔鼓励道，"用力向上爬！"玛妮娅的堂姐妹也没有放手不管。她们给她示范在跳起之前如何背对着马头站立，教她如何借用小土堆上马，最后还给她讲不同的上马方法，这样哪怕是最高的马，她也能轻松地骑上去。在广阔连绵的田野上骑马奔跑给玛妮娅带来极大的快乐。很快，她在马一路小跑时也能从马鞍上站起身来；即使快马疾驰，她也能稳稳地坐着。她骑马探访了很多新的村庄，结识了不少当地人，也领略到越来越多的波兰风光。

其实还有更有趣的事在等着她：玛妮娅后来又住在了喀尔巴阡山区的另一位叔叔家，他叫兹齐斯瓦夫。这是玛妮娅第一次看到白雪皑皑的山峰和深色的松林，不由得被迷住了。她渴望走近看看雪山，也许穿过松林就能到达雪山脚下。有时她沿着蜿蜒的山路走了很久，走着走着道路突然不见，悬崖峭壁突兀地横在面前，她不得不原路返回。有时路的尽头是一间小屋，玛妮娅和她的堂姐妹们就会上门拜访，看看房屋主人做的手艺活儿。在这个地区生活的山里人都是木雕师，随手做的家具虽然简单，但都是艺术品。山里人喜欢向她们展示这些作品，当孩子们对桌椅、布谷鸟钟和挂在墙上的彩色木碗啧啧称赞时，他们就会在橱柜里翻翻拣拣，拿出雕刻的小人、酒杯、玩具，甚至木雕画，让她们饱足眼福。

有一次，玛妮娅在山里闲逛时发现了一个小湖泊，一汪清澈的湖水安静地躺在山间，湛蓝湛蓝的，就像一大片蓬勃的水蔓菁长在其中，山里人亲切地把它叫作"蓝海之眼"。这一汪湖水在这雪山之间，是如此美丽可爱，玛妮娅把它当作整个国家的瑰宝。

在叔叔家的生活也充满了欢乐。叔叔喜欢热闹，美丽的婶婶和他们的三个女儿也活泼开朗，家里笑声不断。玛妮娅和他们生活在一起，也被这欢乐深深地感染了，加入其中。来拜访的客人络绎不绝。叔叔婶婶有时会出去打猎，带回山里的野味款待客人。如果没有出门打猎的话，就会抓一只鸡杀掉，反正院子里有上百只鸡在跑来跑去。女孩子们会快速钻进厨房，帮着烘烤蛋糕。一阵忙活，一顿盛宴准备妥当。至于宴会穿的衣服，她们会翻箱倒柜地找出好看的裙子缝上花边，准备猜字谜的时候穿。如果是冬天，她们就会准备"库里格"化装舞会要穿的服装，"库里格"是这里冬天最隆重的庆祝活动。

玛妮娅第一次参加"库里格"的经历太令人难忘了。夜幕降临，大地被北边的雪映亮了。玛妮娅和她的三个堂姐妹裹着厚厚的毯子，戴上面具，打扮成克拉科夫农民的样子，乘坐着两只雪橇出发了。几个穿着朴实的乡下小伙子骑马护送她们，手中举着的火把照亮了黑夜。他们在漆黑的树林里穿行，瞥见其他的火光也在向前方移动。寒冷的夜色中突然响起了音乐，原来乐师们的雪橇也来了，上面坐着四个犹太小伙子，在接下来的两天两夜中，他们会用小提琴演奏令人如痴如醉的乐曲。他们会演奏华尔兹和马祖卡，人们都会加入合唱，整个夜晚都沉浸在美妙而热闹的乐声中。

犹太乐师们不停地演奏着，越来越多的雪橇飞驰过来，三架、五架、十架，雪橇越聚越多。所有雪橇都颠簸着滑下结冰的雪坡，经过令人汗毛直竖的惊险弯道，速度快得令人眩晕，可乐师们的音符一个也没有错，用乐声引领着这支队伍在星空下一路向前。

在第一个农舍前，雪橇停了下来，铃铛和挽具叮当作响，人们笑着喊着下来，大声敲着农舍的门，喊醒农舍主人，其实屋主人也只是在装睡。几分钟后，乐师被大家抬到大桌子上坐下，火把将整个房间照得通亮，舞会正式开始了。

早已备好的饭菜很快被端上来了。最后，出发的号令一响，房子立马就空了——不见了酒桶，不见了喧闹的人群，不见了马匹，不见了雪橇，什么都不见了。一支更大的队伍，包括农舍里的人，正穿过森林前往下一个农舍。

一辆马拉雪橇在试图超过另一辆时偏离了原来的道路，一头栽进了雪堆里。队伍停了下来，火把在风中飘动，众人围成一个半圆，七手八脚地帮翻车的人拍打掉身上的雪，并把雪橇扶起来。雪橇队伍又出发了，叮叮当当的铃声打破了寂静的夜。不过乐师去哪里了呢？大家都不知道。

领头的雪橇越滑越快，想要赶上乐师们，不过他们很快就意识到他们走的不是同一条路，便不再继续追赶。他们停下来，想起刚才经过的岔路口，只能折返回去，去另一条路上看看是否能够找到犹太乐师们。大家都担心起来，如果找不到乐师，怎么去其他的农场参加舞会呢？突然，一阵欢快的小提琴声传来，盖过了叮当响的铃声，队伍又会合了，而且每到一个农场，队伍就会变长，越来越长。

太阳升起又落下，然后又一次升起。乐师们几乎挤不出时间来吃饭或睡觉。到了第二个夜晚，浩浩荡荡的雪橇队伍停在了最大的农场门前，马儿累得呼哧呼哧直喘气，铃儿叮当，乐声悠扬，真正的舞会开始了。犹太小伙子们演奏起响亮的舞曲，客人们各就各位，准备投入这迷人的舞会。领舞的男孩英俊优雅，身穿带有刺绣的白色礼服，他向前一步，向那位全场舞姿最优美的舞伴发出邀请，她就是玛丽亚·斯克沃多夫斯卡。玛妮娅穿着山村少女般的长裙，外面披着泡泡袖天鹅绒外套，头戴如星星般耀眼的皇冠，上面垂下许多飘逸鲜艳的长丝带。

他们跳了一整夜舞，到了早上八点钟还在跳着玛祖卡舞。玛妮娅说她一生中从未像这样轻松快乐过，姉姉笑着说如果她真的喜欢"库里格"的话，将来结婚时可以用这种方式来庆祝。

假期带来的欢乐还远远没有结束。斯克沃多夫斯卡夫人以前教过的一名学生，现在成了弗勒里伯爵夫人，邀请海拉和玛妮娅去她那里住一段时间。伯爵夫人的住处坐落在两河之间的一片土地上。玛妮娅从她的房间可以看到两河交汇的壮美景象，在这里她还学会了划船。她在给家里的信上说："在这里我们想做什么就做什么，我们晚上睡觉，有时白天也赖床不起。我们跳舞，我们疯跑，天啊，现在只有疯人院才适合我们！"

她们除了睡觉、跳舞，还会出去骑马、采蘑菇、调皮捣蛋。有一次，玛妮娅央求弗勒里伯爵夫人的弟弟到城里"办个事情"，那个年轻人没有一点儿怀疑就去了。往返城镇的路很远，等他摸黑回到家走进房间时，发现自己的东西全被挂在了房梁上：被褥、桌椅、行李箱、衣服等。东西挂得到处都是，他从中间走过时一不小心就会撞到脸。

还有一次，有贵客要来拜访，家里准备了丰盛的午餐，孩子们却没有被邀请。于是，他们趁开饭前偷偷溜过去把午饭一扫而光，还做了一个稻草人放在空桌子上，装扮成弗勒里伯爵吃饱饭的模样。这些捣蛋鬼呢？去哪里找他们呢？他们早就逃得无影无踪啦！

在伯爵和伯爵夫人结婚纪念日的典礼上，这群调皮的家伙送上了一顶用蔬菜做成的巨大皇冠。它足足有一百磅重，当这对幸福的夫妇坐在装饰精美的宝座上时，他们把它抬了过来。然后最小的一个女孩朗诵了一首专门为这个庆典所作的诗歌，这是玛妮娅写的，诗的结尾是这样的：

在这个被祝福环绕的日子，
请将野餐作为恩赐！
让每个少女都能找到称心的伴侣，
如你们这般琴瑟和弦，
共同携手步入婚姻的圣殿。

请赐予我们这欢乐的时光……

伯爵先生和夫人立刻宣布要举办一场盛大的舞会。玛妮娅和海拉想好好为这个舞会做准备。她们很穷,舞裙也有了破洞。两个女孩子数了数钱,把舞裙翻过来倒过去地看了一遍又一遍。她们发现扯掉裙子外层已经褪色的薄纱,里面的衬布还能穿。于是,两个人决定买点儿蓝色塔拉丹布料,换掉磨损的薄纱,两边再加条丝带,就是件新裙子啦。瘪瘪的钱包和娴熟的针线活儿能点石成金。其他的地方就去花园采几朵美丽的花来装扮吧,剩下的钱刚好够买两双新鞋子。一切准备妥当,她们对着镜子照了又照,镜子仿佛在说:"你们是最漂亮的。"

玛妮娅穿着新鞋子跳了整整一晚上舞,到了天明时,鞋子都跳烂了。玛妮娅把鞋子扔掉,开始拥抱新的一天!

第五章
人们

　　玛妮娅回到了华沙。她那双灰色的大眼睛含着笑意，注视着这个变了的世界。她紧实的上唇时常挂着欢快的笑容，不过神情依然严肃。和世界上大多数父亲一样，斯克沃多夫斯基先生想让他的孩子明白他们需要靠自己的努力养活自己。他不再收寄宿生了，一家人搬到了一套小房子里。眼下他挣的工资虽然还能勉强支付房租、女佣的工资和日常开销，但已经捉襟见肘了，而且不得不考虑到将来他的工资会变成更加微薄的退休金。这一点让他忧心忡忡。像世界上大多数父亲一样，他希望能赚足够多的钱让孩子们过上富足的生活。晚上坐在油灯前，斯克沃多夫斯基先生会发出痛苦的叹息。四双明亮的眼睛，或浅蓝色或灰色，关切地望着他，猜他的心思。四个孩子一起安慰他："爸爸，不要担心。我们这么年轻，有的是力气，难道还养不活自己吗？"斯克沃多夫斯基先生为孩子们的乐观热忱感到欣慰，但他心底还是闪过一丝担忧，自己这一辈子没有做出什么成就，孩子们的人生能否取得成功呢？他天资聪颖，勤奋上进，但从生活中获得的金钱回报却很少。孩子们会走同样的路吗？这位个头矮小、身材发福、开始谢顶的男人，穿着破旧却一尘不染的深色外套坐在灯下。这位父亲的一切都是整洁干净、一丝不苟的：他的书法、他的思想、他的言语，甚至他的一举一动。他抚养孩子也是同样的认真细致：带孩子们出去游玩时，他会事先制订行程计划；和孩子们欣赏美景时，他总是能领略到常人觉察不到的景致；如果看到著名的古老建筑，他会讲解它的历史故事。在玛妮娅的眼里，父亲很完美，她对父亲一丝不苟、凡事求精的态度从未有过丝毫质疑。她认为父亲无所不知。当然，父亲的确博学多才。他常常设法省出钱来购买科学书籍，以便实时了解物理和化学领域的新发现。除了波兰语和俄语，他还精通希腊语、拉丁语、英语、法语和德语等五种语言，自己却不认为有什么了不起。他还会作诗，每周六晚上，他都会感情充沛地为孩子们朗诵诗歌。有时，他也给孩子们读外国名著，比如《大卫·科波菲尔》，不过读的时候直接将英语翻译成了流畅的波兰语。

"家里最近没有什么新鲜事。"玛妮娅在给朋友的信中说道，"花草长得特别繁茂，杜鹃花开了，小狗朗斯特在地毯上睡着了。女佣正在帮我改裙子，就是我染的那条。她刚刚做好布洛妮娅的裙子，非常漂亮。我的时间太少，钱更少。一位女士通过朋友的介绍找到我们，当布洛妮娅告诉她上课的费用是一个小时一先令时，她吓得赶紧跑了，仿佛我们的房子着了火……"

然而，不管挣多挣少，玛妮娅都要做家教。在那个时代，女孩子能获得的工作机会少之又少。但是玛妮娅想的不是"我能收多少学生,能挣多少钱",如果只这样想的话,那就不是玛妮娅了!玛妮娅有自己的梦想——不是那种女孩想要结婚的梦想,也不是那种男孩想会开车的梦想。她的梦想是祖国波兰获得独立。她,玛丽亚·斯克沃多夫斯卡,必须帮助波兰。可是仅凭十六岁的她,仅凭父亲、学校和书上教她的那些东西,如何能够做到呢?玛妮娅知道还有不少人怀揣着让波兰独立的梦想,并秘密计划着向沙皇投掷炸弹。还有人梦想着上帝能够回应他们为波兰所做的祈祷。尽管玛妮娅曾为了帮助一位革命者而将护照借了出去,但是她自己并没有想过要用上面这两种方法。她认为最务实的方式最有效:做好眼下的工作;向俄国政府竭力想要愚化的波兰人普及知识和思想;不断地教啊教,直到让华沙成为独立精神的摇篮,直到波兰成为欧洲的佼佼者,引领欧洲。

  一种新思潮正在英国和法国兴起。玛妮娅有一位年长自己十岁的朋友,对此产生了极大的兴趣,创办了一个名为"双翼学社"的秘密社团,专门来研究新思潮。玛妮娅、布洛妮娅和海拉都加入了进来。这个社团轮流在不同的社员家里聚会学习,不是学什么"歪门邪道"或其他奇奇怪怪的东西,而是学习解剖学、生物学和自然历史。然而,突如其来的敲门声和壁橱里老鼠发出的吱吱声,都会吓得他们浑身发抖,因为一旦被警察发现,大家都会被投进监狱。社员们既要学习也要教课。玛妮娅到处收集图书,建立了一个小小的图书馆供穷人借阅。但是她必须先教这些人识字和阅读,然后这些书对他们才有用。

有些波兰商店的店主很乐意让自己的女工下班后到玛妮娅这里，跟着她读书学习，从而成长为更有能力的波兰公民。所以她们一点儿不担心有人会将这个秘密泄露出去。玛妮娅十分兴奋但表面上依然矜持，在这群比她年长且粗壮的女工面前，她要求她们不准说一句粗话，不准抽烟，一根也不允许。玛妮娅觉得自己的那头鬈发太惹眼便干脆剪掉了，不过她没想到的是，剪短的鬈发让她显得更加稚气未脱。她从早到晚，忙得不可开交，什么都想做：演讲、讨论、画画、写诗、读六七个国家的文学著作——这个很重要，因为要紧追这些伟大作家的先进思想。

但她现在想得更多的是怎么帮助她的姐姐布洛妮娅。布洛妮娅的年龄一天比一天大，至少玛妮娅是这样想的，如果她不关心的话，根本没人会关心布洛妮娅的前途。每天早上，不管刮风下雨，玛妮娅都要出去做家教。有时，那些有钱的学生家长会让她站在冷风四窜的走廊里等着，因为对他们来说，玛妮娅只不过是个家教。"很抱歉，斯克沃多夫斯卡小姐，我女儿今天要晚点儿上课。不过，你还是要上完一个课时的，对吧？"到了月底，他们又往往忘了付课时费，"对不起，我先生说等下个月一起结给你。"而玛妮娅原以为这天早上一定能拿到这笔钱呢，因为她迫切地需要用这笔钱买一些生活必需品。

布洛妮娅看起来脸色苍白、焦虑沮丧。玛妮娅下定决心先将自己的梦想搁置一旁，暂时放弃去大学求知的渴望。她必须先给布洛妮娅想好出路。

"布洛妮娅，我一直在想这件事，"一天，玛妮娅说道，"我已经和爸爸谈过了。我想我找到了解决的办法。"

"解决什么的办法？"

玛妮娅必须小心地措辞："布洛妮娅，靠你现在存下的钱，你能在巴黎生活多久？"

"够支付旅费和一年的生活费，不过学医需要五年。"布洛妮娅直截了当地回答道。

"不错。可你知道，我们做家教一小时才赚一先令，永远也攒不够。"

"那怎么办呢？"

"嗯，如果咱俩分开单独攒钱，谁都成功不了。不过要是按我的计划进行，你秋天就能坐上火车出发。"

"玛妮娅！你疯了吧？"

"当然不是。刚开始你先花自己的钱，后面我会给你寄钱，爸爸也会给你寄的。与此同时，我也会为将来上学攒钱。等你以后成了医生，就该轮到我去上学了，到时候你再帮助我。"

布洛妮娅的泪水瞬间盈满眼眶，因为她知道这个提议对妹妹玛妮娅来说意味着什么，不过她觉得这个计划有一点儿不合理。"你怎么才能既养活自己，又给我寄钱，还同时能有结余呢？"布洛妮娅问道。

"我当然有办法。我正计划找一个人家去当寄宿家教，这样生活费就全免了。这个办法是不是很棒？"

"不行，"布洛妮娅说，"为什么要先让我去？你更聪明，你先去的话，很快就会成功，然后我就可以去了呀。"

"为什么？嘿，布洛妮娅，亲爱的，别犯傻了！你已经二十岁了，我才十七岁。你已经等了很久了，我还有的是时间。大的先走，等你做了医生，我就能沾你的光了！而且我已经下定决心了，咱们就这样办吧！"

于是九月份，就在她十八岁生日的前一个月，玛妮娅坐在了家庭女教师咨询机构的接待室里等候——穿着她认为的家庭教师该有的装扮。她新长出来的鬈发被整齐地掖在那顶褪了色的帽子下面，身着端庄朴素的裙子，安静地在那里坐着。

当玛妮娅起身走近坐在办公桌后面的那位女士时，忽然紧张起来，紧紧地捏着她的毕业证和推荐信。那位女士认真地看着推荐信，突然抬起头打量着玛妮娅，甚至是盯着她看。"你精通德语、俄语、法语、波兰语和英语？"她难以置信地问道。

"是的，夫人。"玛妮娅说，"虽然英语没有其他几门语言说得好，但是可以教授学校规定的课程。我在高中毕业时还获得了金奖章。"

"哦。那你要求的薪水是多少？"

"寄宿家庭老师，每年四十镑。"

"如果有合适的职位，我会通知您的。"带着这个并不怎么有希望的承诺，玛妮娅离开了咨询机构。

但没过多久，玛妮娅就找到了一份家教的工作。那家人的姓名要保密，因为他们不愿回想起命运给他们开的玩笑。当年仅十八岁的玛丽亚·斯克沃多夫斯卡过来的时候，这家人只开了一扇小门。玛妮娅后来对我们说，如果当时通过这扇小门能瞥见日后地狱般的生活，她绝对不会进去。不过面对生活的磨难，玛妮娅注定要成为一个充分发挥天赋的英才，而不是一个闷闷不乐、受尽白眼的小奴隶。这户勃姓人家很富有，他们时刻提醒玛妮娅注意她家庭教师的卑微地位，对她讲话也是冷冰冰的，让人琢磨不透他们的真实想法。他们在外面大把乱花钱，可却拖着玛妮娅六个月的工资不给，还不让她在晚上读书，怕费灯油。他们在人前讲话时好像嘴上抹了蜜，可一转身就换了副嘴脸，恶意中伤他人，以致玛妮娅说他们的朋友没有一个不被他们批得体无完肤的。

"我在他们那儿学到了，"她在信中写道，"原来小说中的人物在现实生活中真的存在。我觉得最明智的做法就是，不要和这些利欲熏心的人交往。"也许正是这个她在十八岁时就明白的道理，让玛丽亚·斯克沃多夫斯卡日后无论面对多大的财富诱惑都能洁身自好。

而且，玛妮娅原来的计划也落空了。因为住在城里的勃姓人家里，她每天都会有各种各样的小开销。虽然在城里能时常回家见到父亲，还能和之前双翼学社的朋友们联系，这些给她带来欢乐，但一旦制订了计划就要不惜一切代价地去完成，绝不能半途而废。玛妮娅觉得她必须彻底地离开家，到乡下去找一份工作，这样几乎就没有任何花销了。只有这样，已经在巴黎求学的布洛妮娅才能实现梦想。

玛妮娅渴望的工作机会出现了。在偏僻的乡下，而且薪水也高了点儿——一年五十镑。当然，那个时代的五十镑可比现在值钱得多。当玛妮娅把新地址给父亲时，她的心情十分低落，不过父亲的情绪还可以，可能在父亲看来那里并没有那么偏僻遥远。

普扎斯内什市

什丘基村

Z先生家

玛丽亚·斯克沃多夫斯卡收

一月，玛妮娅出发去乡下，此时的波兰还积着厚厚的雪，因为这里已经连续下了好几个月的雪了。当火车缓缓驶出车站时，玛妮娅再也看不见向她挥手的父亲了。她有生以来第一次感到孤独和害怕。如果偏僻乡下的新雇主和之前的雇主一样可恶，她怎么办？如果年老的父亲生病了，她又该怎么办？她这样抛下父亲远走乡下，真的做对了吗？夜色渐浓，白雪覆盖的平原飞快地向后退去，玛妮娅的泪水止不住地流，窗外的景色一片模糊。

坐了三个小时的火车后，玛妮娅又换乘了雪橇。她裹着温暖的毛毯，在冬夜的雪原上，雪橇一路飞快前行，大地一片寂静，只有雪橇铃声叮当直响。

奔波了四个小时，玛妮娅又冷又饿，想知道马儿什么时候才能停下来。随后，她看到了一片光亮，雪橇在一扇打开的门前停了下来。全家人都笑着出来迎接——身材高大的男主人，女主人，还有紧紧抓着女主人裙子、有点儿害羞的孩子们，他们用好奇的目光打量着玛妮娅。女主人热情地把玛妮娅迎进来，端上热腾腾的茶水，对她的到来表示欢迎，然后将她带到准备好的房间，贴心地留玛妮娅一个人在这儿暖和暖和、收拾随身携带的行李。

玛妮娅在偏僻的乡下安顿下来。她满意地打量着这个房间，洁白的墙壁，简洁的装饰，壁龛里的炉子烧得正旺，一切简单而温馨。

第二天早上醒来，玛妮娅拉开窗帘，原以为会看到茫茫的雪原和覆盖着白雪的森林，但没想到映入眼帘的却是冒着滚滚浓烟的工厂烟囱。她后退几步，又向外望去——不止一个烟囱，有很多烟囱，看不到一棵树，也看不到灌木丛和树篱。原来她在的这个地方是甜菜生产区，目之所及是一片连着一片开垦好的准备种甜菜的田地。整个村都种甜菜，农民们耕耘、播种、收获，然后将甜菜送到加工厂制糖。工人们居住的农舍聚集在加工厂周围，玛妮娅住的这所房子的男主人正是工厂的厂长。这里的一切都和甜菜相连，就连村边的那条河流也漂着甜菜渣。

玛妮娅对这幅景象有些失望，对住在附近大房子里的青年男女也是如此。他们谈论的话题不是家长里短、穿衣打扮，就是谁家要举办舞会以及上一场舞会开了多久。有一次，Z先生和太太去参加一场舞会，直到第二天下午一点钟才回来，玛妮娅吃惊极了，她似乎忘记了自己曾经在舞会上跳到早上八点。"真该把讽刺漫画家的笔给我，"她写道，"这里的年轻人实在是漫画家的好题材。女孩子呆兮兮的，连话都不会说，不过有一个例外，那就是我的学生布朗卡。她是这家的大女儿，聪明风趣，对生活也有着深刻的理解,就像一颗耀眼的珍珠。"除了布朗卡,什丘基村另一个有趣的人就是她三岁的弟弟斯塔斯,他是大家欢乐的源泉。他迈着小短腿啪嗒啪嗒地跑来跑去,穿过长长的走廊,跑到外面的玻璃阳台上。到了这个季节,攀缘在阳台上面的爬山虎叶子已经落光了,阳台显得有些破败。斯塔斯叽里咕噜的话语更是逗乐了玛妮娅。保姆告诉斯塔斯上帝无处不在,他焦急地问:"我不喜欢那样。上帝会抓住我吗?他会咬我吗?"

十岁的安迪亚也是玛妮娅的学生,不过那是个让人头疼的小家伙。她喜欢跑来跑去,家里一有人来她就跑得不见人影。玛妮娅一天给她安排四个小时的课,不过她总是找各种理由逃课,好不容易才能把她抓回来,然后还得从头教起,所以课程进展缓慢。安迪亚早上还喜欢赖床,玛妮娅不得不把她从床上拽起来,每天的这个过程都让玛妮娅气得冒火。有一天早上,玛妮娅花了两个小时才让心中的怒火平息下来。她一天中最开心的时光就是和布朗卡在一起看书的三个小时,以及给家人写信的闲暇时间。"复活节时我要回华沙啦!"她给朋友写道,"一想到要回去,我心里就乐开了花,极力控制住想大喊大叫的冲动。"

一天,玛妮娅正在泥泞的乡村小路上走着,遇见了村里的几个男孩女孩。他们顶着一头乱糟糟的头发,明亮的眼睛好奇地望着她。"他们不也是波兰人吗?"玛妮娅心里忽然冒出一个想法,"我之前还想过启发民众,难道不可以为这些孩子做点儿什么吗?"这些衣衫褴褛的孩子们要么什么也没学过,要么只会点儿俄语字母。玛妮娅想,如果能秘密为这些孩子办一所波兰学校，那肯定很有意义。

布朗卡听到这个想法后非常振奋。"再好好想想吧，"玛妮娅说，"如果我们被告发了，将会被流放到西伯利亚，你知道的。"她们都知道流放到西伯利亚——那个被雪川覆盖的平原意味着什么，但布朗卡甘愿为此冒险。于是，她们在征得 Z 先生的同意后，正式开课了。

幸好，玛妮娅的房间外有一段直通外面的楼梯。十来个脏兮兮的孩子从楼梯上过来上课。玛妮娅借来一张松木桌子和几条长凳，还从自己宝贵的积蓄中拿出钱为孩子们买练习本和钢笔。孩子们给她带来了很多欢乐。他们笨拙的小手握着还不习惯的钢笔，在白纸上歪歪扭扭地写着字母。慢慢地，这些孩子发现纸上的黑字开始有了意义，忍不住欢呼雀跃。他们目不识丁的父母更是为此感到骄傲，纷纷走上楼梯，在教室后面开心地看着孩子们学习识字这项神奇的本事。孩子们写起字来并不轻松，他们扭来扭去、眉头紧皱、唉声叹气，写一个字母看起来比把甜菜根运到山上还难。这些小家伙的衣服不常清洗，闻起来有股怪味道。玛妮娅和布朗卡却不在意，仍旧围在这些孩子身边，耐心地教他们写字。有些孩子上课的时候会走神，不过，大多数孩子明亮的眼睛里都流露出对知识的渴求。

第六章
幸与不幸

夏天来了，其他人都放假了，可是家庭教师还得一如既往地坚守在岗位上。每当男孩们放假回来、女孩们在寒冬酷暑起床的时候，玛妮娅就格外忙碌。玛妮娅感到厌倦，生活平淡得溅不起一点儿水花，明天不过是今日的机械重复——从早上八点工作到上午十一点半，下午两点工作到七点半，中午十一点半到两点要吃午饭和散步。晚上，如果安迪亚有兴致的话就给她读书，如果她没有兴趣，玛妮娅就边做针线活儿边和她聊聊天。晚上九点之后，玛妮娅终于有了段属于自己的自由时光，可以读书学习。不过这也常常被打断，她不得不去做一些家庭教师要做的零碎事。比如，安迪亚的教父过来拜访时，玛妮娅得陪他下棋；遇到牌桌上三缺一时，她也得过去凑个数，不管情愿不情愿。玛妮娅对知识的渴求越来越强烈，因为学习的机会越来越少。玛妮娅读的书已经过时，独自研究时她常常遇到各种困难，却无人可以讨论。她不知道该怎么办。她羡慕那些正在世界各地的大学自由读书的女孩们，她们做着这个年龄该做的事，在实验室里学习，接受老师的指导。维也纳、柏林、伦敦、圣彼得堡，特别是巴黎，那里简直是玛妮娅梦想中的神圣殿堂！不，不能是维也纳、柏林或圣彼得堡，这三个地方可是波兰压迫者们的首都。但是伦敦和巴黎可以去！她对巴黎充满了向往，在那里，各种感情和信仰都会受到尊重，它欢迎一切流亡者和渴望求知的人，不论他们来自何方。玛妮娅陷入了深深的绝望之中。她一个人工作存钱的速度太慢了，而布洛妮娅还需要她帮助好几年。父亲年纪大了，也需要她的照顾。她将来真的还能去上大学吗？

玛妮娅已经出落成一个漂亮的大姑娘了。一头秀发闪着迷人的光泽，宽宽的额头饱满洁净，显露出坚毅的神色；浓密眉毛下的灰蓝色眼睛明亮而深邃，嘴角还带着一抹浅浅的笑，让人不由得想要多看几眼。她的皮肤白里透红，连手腕足踝的线条都优美动人，而她的聪明睿智更给她增添了一丝神秘感，让人忍不住想要认识她。

Z先生家的长子卡西米尔放暑假回家时见到了玛妮娅。当时，玛妮娅正在花园里修剪枯萎的玫瑰。他已经从妹妹的信中听说了玛妮娅的一些事，不过并不怎么相信，家庭女教师难道不是最沉闷无聊的那类人吗？

"可是，以波兰的名义起誓，"他自言自语道，"这一位与众不同！"

"女士，您今天早上给贫民学校的孩子放假了？"

"哦，不！"玛妮娅说，脸上像往常一样闪着活力的光芒，"他们在忙其他事，五点以后才能过来上课。"

噢，玛妮娅想，这应该就是布朗卡深爱的哥哥。眼前的这位年轻人高大英俊、彬彬有礼，和玛妮娅说话时温柔友好，虽然一直坚持把她们创办的学校叫作"贫民学校"，但对她的学生很关心。

那天晚上九点，玛妮娅没有像平常一样去看那些大部头的书，而是和一位大学生聊他所学的专业，这让她受益良多。明天不再是今日的重复，玛妮娅的工作计划在这个暑假全部被打乱了。卡西米尔坚持去划船野餐，而玛妮娅特别擅长划桨。她骑马时更是英姿勃发，而马厩里有很多骏马可供他们挑选。卡西米尔、玛妮娅和布朗卡各自挑选了心仪的马匹，在一望无际的草原上驰骋了一整天。有时，一家人也会驾马车出去野餐，卡西米尔注意到玛妮娅纤细的手腕灵活自如地控制着第二驾马车的缰绳。卡西米尔的左手拇指扭伤了，车夫只得驾着第一辆马车载着Z夫人和孩子们。

卡西米尔见过无数"书呆子"，他们中没有谁能有玛妮娅这样的谈吐和令人着迷的神秘感。秋季开学时，卡西米尔回到华沙，不过他已经开始盼望着圣诞节了。

"要是一直都是冬天就好了。"他对玛妮娅说道。"不！为什么呀？"听到玛妮娅吃惊的回答，他笑了。"我们不是崇尚美丽的事物吗？还有什么比一个脚踝漂亮的女孩优雅地滑冰更美呢？还有跳舞！你的舞跳得多棒啊！而且还可以架着雪橇在冬季的星空下四处穿行。"

不错，玛妮娅又开始喜欢跳舞了，不过她还是更喜欢夏天——喜欢暑假。

"暑假？我回来的时候？"

卡西米尔猜到了她的答案。他说他要立即去征得父亲的同意。一般人家都不愿意娶家庭女教师，但玛妮娅不一样，她很特别，超凡脱俗。家里的每个人都喜欢她：Z先生会邀她一起去田野散步，Z夫人把她介绍给自己所有的朋友，他的妹妹们也都喜欢她。家里人有几次还邀请玛妮娅的父亲和哥哥姐姐来家里做客。玛妮娅生日的时候，全家人会送她鲜花和礼物。卡西米尔想，他们肯定会满怀欣喜地赞成玛妮娅嫁进来。

但卡西米尔错了，大错特错。当他告诉父母他要娶玛妮娅时，他的父亲怒不可遏，母亲几乎昏死过去。他们对这个长子寄予了深切的希望，如果他愿意的话，他可以把本地最富足最体面的姑娘娶回家，现在他竟然要娶一个一文不名的家庭女教师——一个要在别人家打工谋生的女子！

"卡西米尔，你发疯了吧？一般人家谁会娶家庭女教师！"

"谁会娶家庭女教师？太好笑了！"整片土地都在回响着这句话。地球照常绕着太阳旋转，带来一年四季的更迭。可能正是如此，才有了后来的玛丽·居里，而不是玛丽亚·卡西米尔·Z夫人。

但当时还无法预见未来的玛妮娅十分痛苦。卡西米尔的家人对她冷淡起来，然而她却不能辞掉工作离开这里，因为她每年还要给布洛妮娅寄二十镑。她所能做的就是暗下决心再也不会爱上任何人。生活又开始日复一日机械地重复着。她继续上课，继续批评安迪亚，继续督促朱列克，因为Z先生家的这个二儿子无论翻开什么书都能立马进入梦乡；她

也继续教贫民学校的孩子们。她一如既往地学化学,和人下棋,参加舞会,去田野散步。偶尔能让她开怀一笑的只有一件事:当广袤的原野被白雪覆盖,路都找不到了,驾着雪橇出去时人和雪橇会一起翻倒在积雪的沟渠中。大家笑得前仰后合,依稀能找回一些旧日的和睦和欢乐。

那段时间,玛妮娅给家里写的信越来越多,但常常因为没钱买邮票而无法寄出。"我好长时间没有收到布洛妮娅的消息了,"她抱怨道,"很可能她也买不起邮票。"因为自己的苦闷，她更能理解父亲、哥哥和海拉面临的艰难处境。她在给父亲的信中写道："别为我们担心，你已经尽到了父亲的职责。再说，你不是已给了我们美好的品行吗？我们肯定能够自力更生的。"她给哥哥约瑟夫写信说："约瑟夫，去借一百卢布，留在华沙，千万别把自己埋没在乡下。如果我的建议不中肯的话，你也不要生气，因为我们兄妹之间从来都是心里怎么想就怎么说。人们都说，到乡下当医生，就等于掉进一口枯井，根本干不出什么成就。没有药店，没有医院，没有书籍，无论你有多么坚定的治病救人的决心，最终仍是一事无成。亲爱的哥哥，如果看到你那样，我肯定会悲痛万分，因为我现在已经失去了成就的希望，只盼着你和布洛妮娅能成就一番事业。毫无疑问，我们家的兄妹是有天赋的，不该任其埋没，这一点必须通过我们中的一个人体现出来。我越是为自己惋惜，对你们抱的希望就越大。"玛妮娅也心疼海拉，海拉刚解除了婚约，玛妮娅很为她抱不平，"说真的，这正好让人认清了男人的本质！如果他们不愿意娶穷人家的女孩，就让他们见鬼去吧！没有谁求着他们这样做，为什么要与她们相爱然后又伤透女孩们的心呢？"

那是玛妮娅生命中的低谷。她担心自己会受学生影响，脑子变得愚钝，许多老师都有这个担忧。她的远大梦想显得那么愚蠢可笑。"我现在唯一的愿望，"她在信中写道，"就是能有一个属于我的角落，让我和父亲在一起生活。我宁愿牺牲自己的一半生命，来换取自己的独立和一个可以栖身的家。如果可能的话，我要离开Z先生家，回华沙找一所寄宿学校去教书，私下再代点儿课补贴家用。但眼下这是不可能的，只能是一个愿望罢了。唉，无须为生活过分伤神。"这确实是玛妮娅生命中的低谷。

不过幸运的是，一本名为《在尼曼河河畔》的小说让玛妮娅意识到真正的她不该如此消极。"我的梦想去哪儿了呢？"她写信给布洛妮娅，"我想为人们做点儿事，想办法教村里的男孩女孩读书，启迪他们的思想，希望他们日后能为这个世界做出贡献。你根本无法想象这里的境况，生活如此艰难，我变得狭隘而平庸。突然有这么一本小说让我振奋起来，清醒地审视自己的痛苦。"同一时间，她在给堂姐的信中说道："我陷入深深的忧郁中，因为每天与我相伴的只有可怕的西风，它带来了阴雨、洪水和泥泞。完全没有上冻的迹象，我的滑冰鞋忧伤地挂在衣柜里。你可能不知道，在乡下这种小地方，冰霜的重要性一点儿也不亚于加利西亚的保守党和自由党之间的辩论。不要认为你信上说的事会让我厌烦，其实正相反，能知道这世界上其他地方还有人在活动甚至思考，让我精神振奋。我对一切都有强烈的感受，这让我保持清醒，然后我激励自己，'不能让任何人或任何事将我击垮'。但我渴望得到新的感觉，需要新的变化，需要活动和生活，有时甚至冲动地想要做一些蠢事来打破这一成不变的生活。幸好我有许多工作要做，这种冲动并没有爆发出来。"

第七章
变化

　　玛妮娅渴望生活发生变化，此时她也正要迎来变化。她在 Z 先生家的聘约要结束了，接下来有一个住在华沙的学生，不过正在比利时度假，而玛妮娅要去比利时和她碰面，等假期结束再返回华沙。玛妮娅突然有点儿怀疑她是否喜欢这样的变化。她将独自远行，并要换乘五趟火车。她担心自己会走丢，或者她熟睡时小偷溜进她的车厢。但旅途非常顺利，自己担心的情况都没有发生。抵达目的地，玛妮娅见到了新雇主，来到了一个全新的世界——一个充满财富并且欣然接纳她的世界。学生的妈妈 F 夫人是一位美丽娴雅的女子。在这里玛妮娅生平第一次见到沃斯牌的漂亮裙子，摸到柔软的皮草，欣赏到闪亮的珠宝；她在这里来往的人，他们的肖像画就在墙上挂着，而且往往是名师所作。玛妮娅置身在这个财富世界中，欣赏着欢乐的舞会派对，聆听着高雅的音乐，这些富人平易近人，待她都很友好。F 夫人很喜欢玛妮娅，走到哪里都让她陪在身边，并逢人就称赞玛妮娅，说她是"高雅的斯克沃多夫斯卡小姐"。

我们无从知晓玛妮娅对这一切的真实想法，因为有一件更令她兴奋的事发生了。大厅的桌子上放着一封印有巴黎邮戳的信，写着斯克沃多夫斯卡小姐收，是布洛妮娅的来信——这是布洛妮娅在课间休息时，草草地写在方格练习纸上的。有个好消息，布洛妮娅要结婚了！她在信中邀请玛妮娅到巴黎与他们同住，去巴黎上学！……玛妮娅的梦想真的要实现了吗？

但事情并没有想象得那样简单。玛妮娅早就知道布洛妮娅和一个同在巴黎求学的波兰学生订婚了，他聪明帅气，品行好。他的名字和玛妮娅的初恋的名字一样，叫卡西米尔，卡西米尔·德卢斯基。因为之前参与反抗俄国的活动，他不得不逃离波兰。即使在巴黎，他也处在俄国警察的监视中，巴黎宪兵队的名录上也有不利于他的各种记录。但是尽管如此，他还是一位前途光明的医生，他和布洛妮娅即将结婚，所以布洛妮娅再也无法回到华沙照顾父亲。于是照顾父亲的重担就落在了玛妮娅身上，因为海拉也不怎么会照顾人。

布洛妮娅在信中描述的未来是多么美好和明朗啊！可是玛妮娅回信说："我一向愚笨，恐怕一辈子都将如此愚笨。或者照现在流行的说法是，我从不曾受幸运之神眷顾。现在不幸运，将来也永远不会幸运。"这么多年，玛妮娅遭遇的不幸实在太多了，让她变得忧虑重重。她继续写道："我一直梦想着去巴黎，就像希望灵魂获得救赎一样梦想过，可是那个梦想很久之前就已经破灭了。如今你又给了我这个机会，我却不知道如何是好。我不敢和父亲谈这件事，我觉得我们明年一起生活的计划更合他

的心意，我也想让他的晚年多点儿欢乐。另一方面，想到自己的才能就这样白白地浪费了，不免觉得心碎，因为才能只有得到发挥才有价值啊！"正是因为玛妮娅对人的才能极其重视，所以她才在信中恳求布洛妮娅牺牲一点儿自尊心，想方设法去求一位富人朋友帮助哥哥约瑟夫发挥他的才能。玛妮娅认为这不仅仅能使约瑟夫个人得到帮助，整个社会都会因为他的才能而受益。终其一生，玛妮娅都秉持着这样的观点：世界上最崇高的事业就是帮助那些富有才能的人充分实现自身的价值。她在信的结尾写道："我心情阴郁，和你谈论这些不愉快的事等于给你的幸福投下阴影，我不该这么做的，非常抱歉！"

玛妮娅在华沙陪父亲生活了至少一年。可能对某些人来说比较枯燥，但玛妮娅头脑灵活，善于思考，她发现和父亲在一起讨论更有趣。她也重返双翼学社，和朋友们共同学习交流。

但命运总有出其不意的惊喜。五月，走在克拉科夫幽静、浓荫遮蔽的大道上，闻着六十六号小院的丁香花散发出的浓郁香气，没有谁会想到这里将发生举世瞩目的大事。院子里丁香树旁有一幢窗户窄小的平房，门上写着"工农业博物馆"几个大字。博物馆里存放着古老的犁头或史前的铁锹吗？当然不是！这完全是为了蒙蔽俄国政府。一直以来，它都安然地存在着，学识渊博的人会来这里给波兰青年授课。玛妮娅的一位表哥担任这间博物馆的馆长，也在此处秘密地教授科学。他还有一间实验室，学生可以在里面做实验。

这是玛丽亚·斯克沃多夫斯卡有生以来第一次进入实验室！而这为她日后对人类科学发展做出巨大的贡献起到了积极的影响。她不能经常使用这间实验室，只能在晚上和周末去。实验室里没有人教她，她就自己按着教科书上的描述做各种实验。有时结果出乎意料，小小的成功都让她备受鼓舞，但有时她也会因为实验失败而感到沮丧。不过总的来讲，她对实验研究产生了浓厚的兴趣，尝到了科学探索的乐趣。

深夜回到家，玛妮娅躺在床上久久不能入睡。很长一段时间以来，她都不知道自己要做什么。现在有什么东西萦绕在她的脑海里，在黑暗中喃喃地絮语，就好像身体里另一个人在和她说话。在对话中，她的想法逐渐明晰了起来，知道自己真正想做的是什么了。科研工作向她发出了秘密的召唤，她必须加快脚步向前迈进。"工农业博物馆"里的玻璃试管让玛妮娅想起了童年时光，它和父亲玻璃柜里的物理仪器同属一类，玛妮娅欢喜不已。玛丽亚·斯克沃多夫斯卡确定了自己要做的事情——她灵巧的双手必须用来摆弄那些试管、火焰、元素和金属，而她聪明的头脑会从手中的实验得出结论并给未来的世界带来积极的影响。

但她该怎么办呢？手和脑希望她全心地投入工作，但感情却想让她留下来陪在家人和爱人卡西米尔·Z先生身边。卡西米尔没有放弃他们的感情，他还在努力地说服他的父母同意他和玛妮娅结婚。玛妮娅放假的时候，两人终于碰了面。他们一起爬山时，卡西米尔不停地讲述自己的痛苦处境，希望玛妮娅能帮他拿个主意。

"如果你自己都想不出解决的办法，"压抑了很久的玛妮娅终于忍不住了，大声吼道，"也不要问我。"那一刻，她最终明白了自己的真实想法。她急匆匆地给布洛妮娅写信："请给我一个明确的答复，我是否能住在你们那里，什么地方都可以。我不愿给你们添太多麻烦，所以请你务必实话实说。"

布洛妮娅很快给了玛妮娅肯定的回答。如果电报不那么贵的话，她就发电报了。而玛妮娅如果没有太多事需要安排，肯定早就跳上去巴黎的最早的一班火车了。她把所有的积蓄摊在桌子上，和父亲一起清点，可还是不够。最后，父亲倾其所有，把他的积蓄全部添了进去。眼前放在桌子上的钱，让玛妮娅去巴黎求学有了可能，可也仅仅够去巴黎的路费。

从波兰坐火车到法国，三等车厢是最便宜的，可即使这样，玛妮娅也负担不起。不过穿过德国有四等车厢，这种车厢像大型的货车，没有包间，除了四周的长凳外，光秃秃的。细心的人会自己带一个折叠凳子坐在中间，这样不会太难受。玛妮娅就打算这样做。为了避免在巴黎产生额外的开支，玛妮娅要带很多行李，她要把被褥、床单、毯子等大件行李提前送去托运。她唯一需要买的就是一个便宜结实的大木箱，她在上面自豪地写上了自己名字的缩写"M.S."，把缝制的结实耐穿的衣服、鞋子和两顶帽子放了进去。然后，她还有许多需要随身携带的零碎东西：在火车上三天所需的食物和水、折叠椅、书籍、一小袋糖果和一条毯子。

玛妮娅要动身去巴黎了。二十四岁的她，灰色的眼睛里闪烁着希望和喜悦的光芒。期待已久的旅程开始了。

第八章
"我摘下太阳，把它抛出去……"

"我摘下太阳，把它抛出去……"玛妮娅听到这里笑了起来。她在哪里呢？她正在巴黎的中心，这里每天都有各种有趣的事情发生。她的伟大导师保罗·阿佩尔也完全按照自己的意愿教他喜欢的内容，不受任何拘束。每当他讲课时，都会有一大批学生蜂拥而至。

玛妮娅很早就来了，在巴黎大学圆形剧场式的阶梯教室找了一个靠前的位置坐下，然后把笔记本和笔盒整齐地摆放在桌子上。周围到处是人们走进教室的嘈杂声，但玛妮娅什么都听不到，她完全陷入了沉思。教授来了，教室里突然安静下来，因为这里都是热心求学的学生，他们都期待着一场知识的盛宴。

阿佩尔身穿深色庄重的礼服，显得十分严肃，他思路清晰地解释着行星为何会沿着固定的轨道规律地运行，我们居住的地球也不例外。他将学生带入遥远的宇宙进行探索，从容地把玩着数字和星星。他动作从容，谈吐自如："我摘下太阳，把它抛出去……"

玛妮娅很快乐。她想不明白，怎么会有人觉得科学枯燥无味呢？有什么能比宇宙间的永恒定律更迷人？有什么能比理解这些定律的人类头脑更精妙呢？科学难道不比童话故事更奇幻，比冒险故事更引人入胜？"我摘下太阳，把它抛出去……"此刻，坐在大学教室里，能听到著名学者说出这么短短的一句话，玛妮娅觉得这么多年吃的苦都值了。

玛妮娅在巴黎收获的远远不止这些！当她下了火车，置身在烟气弥漫、人声嘈杂的巴黎北站时，她挺起胸膛，大口呼吸着空气，丝毫没有注意到空气里的烟味。这是她第一次呼吸到自由国度的空气，她觉得一切都是那么不可思议。在这里，人们可以用自己愿意使用的任何语言交谈，这对一个之前只能说俄语的波兰姑娘来说太难以想象了。而书店可以销售来自世界各地的书籍而不必受到诸多限制，也太神奇了！

玛妮娅跳上一辆公共马车，爬到顶层的便宜座位上，这是她第一次坐公共马车，她兴奋地看着路边闪过的风景。更让她感到兴奋的是，脚下的这条路将把她带到向女性敞开大门的巴黎大学！这是一所多么著名的大学啊！德国人马丁·路德都曾称赞巴黎大学是世界上最著名最杰出的学校。巴黎大学正在改建，装修工人随处可见，到处都是灰尘和噪声。随着工程的进展，上课地点也在不断地变换。但这有什么妨碍呢？玛妮娅一点儿也不在乎，因为她终于来到了巴黎，终于走进了大学，可以在这里学到她渴望已久的知识了。

入学后，玛妮娅按法文风格把名字写作"玛丽·斯克沃多夫斯卡"。不过"斯克沃多夫斯卡"这个发音太复杂了，她的同学都不会喊，而玛妮娅又不愿意别人直接称呼她玛丽,所以她总是一个人独来独往。在长长的走廊里,有些年轻人会回头看这个穿着简朴、头发飘逸、眼睛明亮的姑娘。"她是谁啊?"有人惊讶地问道,有大致了解她的人也回答得很模糊:"就是那个名字很拗口的外国人,听说她的物理成绩总是第一名,但不怎么爱说话。"

玛丽必须十分用功。她原本以为自己和同学们的差距不大,可是一比较才知道自己的底子有多薄弱。她的法语并不像她认为的那样精通,一旦老师说得太快,她就会整句都听不懂。她的数学和物理也差了一大截,她不得不付出更多的努力赶上来。

在刚开始借住在布洛妮娅和卡西米尔家的那段日子里,玛丽过得很舒心。布洛妮娅是持家能手,她把家打理得温馨舒适。为了省钱,布洛妮娅在巴黎郊外租了一套更便宜的公寓,并借了点儿钱把房子装扮了一下。布洛妮娅可不是那种担心自己还不上钱而紧巴巴地凑合生活的人。她添置了一些精致的物件,比如带有垂穗的窗帘、雅致的家具、钢琴,还有插着鲜艳花朵的花瓶。在不大的厨房里,布洛妮娅用心烹制出美味的菜肴,烘烤出香甜的蛋糕,还用从波兰寄过来的茶叶泡茶,因为她认为有些东西是巴黎产不出来的。

他们现在所住的这个街区是中世纪时为屠夫们修建的住所,所以卡西米尔·德卢斯基医生的病人也大多是屠夫。布洛妮娅专门腾出一间小书房做诊室,在某些固定时间段供德卢斯基来接诊他的病人;在另外一些时间段,这里又变成了布洛妮娅的诊室,用来给屠夫们怀孕的妻子做检查。到了晚上，他们就把工作放在一旁，并极力鼓动着初来巴黎的妹妹和他们一起参加各种娱乐活动。如果手头宽裕点儿的话，他们就买几张最便宜的票，带她去歌剧院享受一下；如果手头拮据的话，他们就在家弹钢琴或者和波兰的朋友们举办茶话会，大家围在油灯旁谈笑风生，茶桌上摆着布洛妮娅亲手做的蛋糕。玛丽常常会早早地从聚会中退出来回到房间学习，因为她总觉得自己的时间不够用，没有闲心放在享受上。

"书虫小姐，快出来！快出来！"一天晚上，卡西米尔在门外大喊，"是祖国波兰在呼唤，这回你一定要去。穿上大衣，拿上帽子，快点儿！我拿到了音乐会的免费门票。"

"可是……"

"别可是了！这是我之前和你说过的那位年轻的波兰钢琴家的演出，这场演出票卖出去的少得可怜，我们一起给他捧捧场。我已经找了一大群自愿去的人，等会儿他演出时要拼命鼓掌，一定要让他觉得音乐会非常成功。你是不知道他钢琴弹得有多好！"

卡西米尔一双明亮的黑眼睛闪动着愉快的光芒，玛丽实在无法拒绝他的盛情邀请。她急忙穿好衣服，冲下楼梯，三个人飞跑着赶上公共马车。她坐在空了一大半座位的大厅里，看着那个身材瘦削、面庞清秀、一头棕红色头发的青年走上舞台，轻轻打开琴盖。玛丽凝神倾听……李斯特、舒曼、肖邦的乐曲在他那灵活的手指下鲜活起来。玛丽被深深地打动了，这位穿着旧外套的钢琴家投入地弹奏着，尽管台下一排排的座位上并没有多少听众，但他看上去根本不是什么无名的艺术家，倒像一

位国王,像一位天神。

德卢斯基夫妇邀请这位钢琴家来家里做客。钢琴家带着自己美丽的未婚妻一起前往,凑巧的是,他的未婚妻和玛丽的母亲还是旧相识。斯克沃多夫斯卡夫人之前曾和家人提起过这个女孩,说她实在太美了,简直不敢带出去。棕红色头发的年轻人走到德卢斯基家的钢琴前,信手弹奏了几个音符,这架普普通通的钢琴仿佛被施了魔法一样,流淌出天籁之音。这个钢琴家将来会举世闻名,他起初是位钢琴家,后来波兰解放后,又一度担任波兰总理,他就是帕德雷夫斯基。但这都是很久之后的事了。

1891年,玛丽在巴黎生活,周围来往的都是波兰朋友,他们在法国建立了一个波兰圈子。他们很年轻,虽然都很穷,但充满活力。每逢节假日,这些人就会聚在一起办派对,一切都按波兰的习俗。他们吃波兰蛋糕,表演波兰话剧。当然节目单也是用波兰文印刷的,上面装饰的也是波兰的风景画:白雪覆盖的平原上有座小房子,一个小男孩正在低头专心看书,圣诞老人正往烟囱里投递科学书籍,地板上几只老鼠在啃空钱包……玛丽参加了这些欢乐的庆祝活动。她没有时间学习演话剧,不过她曾出演过情景剧《挣脱锁链的波兰》的女主角。演出时,她穿着老式的束腰外衣,裙边缀有和波兰国旗一样颜色的穗子,金色的秀发勾勒着她那斯拉夫①式的坚毅脸庞,大家都觉得她就是

---

① 斯拉夫,按照斯拉夫语族中的含义,有荣誉、光荣的意思。大部分波兰人属于西斯拉夫人。

波兰之光。

然而，即使在自由的巴黎，公开表达对祖国波兰的爱也很危险。斯克沃多夫斯基先生在信中恳求玛丽不要再参加有关波兰的庆祝活动，因为这些活动很可能会被登到报纸上。"亲爱的玛妮娅，你要知道，"他写道，"巴黎一直有人在密切监视着你们，记下那些参加有关波兰活动的人的名字，这可能会给你带来麻烦，甚至会影响你以后在波兰找工作。所以，最明智的做法是不要让自己成为焦点。"

实际上，玛丽不太需要父亲的提醒，因为她自己也迫切地想要全身心地投入到学习中去。她想一个人出去住，远离钢琴，远离姐夫每天晚上的高谈阔论，远离朋友们带来的喧闹。她想搬到学校附近去住，这样可以节约交通费用和通勤时间。

在姐姐和姐夫的陪同下，玛丽略带遗憾地离开了这个舒适、温馨和友好的家，开始寻找新的住所，也开始了一个人的孤独之旅。

她将如愿过上她梦想中的生活，全身心投入学习生活中。不过，她的生活过得异常简朴和艰苦，她一周只能花一磅或者更少的钱，却要用来支付房租、三餐、衣物、稿纸和书籍的费用，还有大学学费。这能做到吗？这是道需要认真计算的数学题，好在玛丽对数学很在行，可是即使这样仍需要她费点儿心思。"啊！"她想，"我可以吃得再少点儿！"因为她忙得没有时间下厨。朋友们常常打趣她连汤里该放什么都不知道。她不知道，她也根本没时间去搞明白。她哪里舍得从物理学习中抽出时间去做饭呢？于是，她只吃涂着黄油的面包，喝的东西只有茶，偶尔会买几个樱桃，或者买个鸡蛋或一块巧克力。

她租的房子很便宜，每周只要四先令六便士。不过就是一个小小的阁楼，有面小斜窗能透进来点儿光，没有暖气，没有煤气，也没有自来水。屋里只有一张铺着她从波兰带来的床垫的折叠铁床、一个炉子、一张松木桌、一把厨房椅子、一个洗脸盆、一盏带有灯罩的煤油灯、一个用来从一楼提水的桶、一盏做饭用的酒精炉、两个盘子、一把叉子、一把勺子、一个杯子、一个平底锅，此外还有一把茶壶和三只茶杯。如果有客人来访，她从波兰带过来的大木箱子上足够坐两个人。

她一年只用两袋煤炭，从街上买回来，然后一桶一桶地提上六楼，烧过煤炭的屋子里会变得相当暖和。她的照明花费也很少，因为天一黑她就到圣吉纳维夫图书馆去看书，胳膊肘撑在桌子上，双手捧着头，一直读到晚上十点关门才回来。到家以后，她点上油灯照明，继续读书，直到凌晨两点钟才爬上床去睡觉。

这样，食物、房子、取暖和照明的问题全部解决了。至于衣服，玛丽自己会缝补，她打算通过清洗和缝补让衣服保持干净整洁，而不是花钱买新衣服。她可以在洗脸盆里洗衣服，不过费点儿肥皂罢了。

这就是玛丽给自己安排的简朴生活，任何事情都不能影响她的学习。但是她的身体很快就吃不消了。她合上书本站起来时常常会头晕目眩，有时还没有来得及躺到床上就昏过去了，她对此感到惊诧，几个月前离开华沙时她的身体还很结实。苏醒过来后，她觉得自己可能病了。但是即便如此，她也没有放在心上，认为自己很快就会好起来。

玛丽当医生的姐夫说她看起来像是病了，她只推脱说是她学习太辛苦的缘故，并把话题转移到布洛妮娅刚出生的孩子身上。玛丽特别宠爱这个外甥女，注意力都被这个小家伙吸引住了。

然而有一天，玛丽当众晕倒了，她的同学急匆匆地跑来找卡西米尔。他赶到时，玛丽已经醒过来了，正躺在阁楼的铁床上。不过卡西米尔还是坚持给她做了检查。检查完后，他一言未发，站起来仔细查看房间里的一切。他问玛丽，食品柜在哪儿。玛丽的阁楼里根本没有这东西。他查看了一圈，只找到了一样可以下肚的东西：一小包茶叶。

"你今天吃过什么东西？"

"今天？我记不清了。我中午吃了……"

"你今天吃的什么？"卡西米尔又严肃地问道。

"今天？……我不知道……我中午吃了……"

"吃的什么？"卡西米尔继续追问道。

"有樱桃，还有……还有其他各种东西……"

最后玛丽不得不说实话，从昨天晚上到现在，她只吃了几根小红萝卜和半磅樱桃。她一直学到凌晨三点，只睡了四个小时。

卡西米尔气坏了，他看着眼前这个傻姑娘，火冒三丈，而玛丽用她那双天真、愉悦的灰色眼睛看着他，显得可怜又无辜。更让他生气的是，这个看起来很聪明的小姑娘在某些方面竟然如此固执。他也深深自责，埋怨自己对这个傻姑娘关心不够。

他板着脸命令玛丽收拾好一周要用的物品，不由分说地要带她回家。

他很严肃，路上一句话也不说。回到家，布洛妮娅出去买来牛排，他们要求玛丽必须把牛肉、浓郁的肉汤和酥脆的土豆片全部吃掉。不到一个星期，玛丽就恢复了以往的健康。

因为玛丽放心不下即将到来的考试，在她再三保证会好好吃饭后，布洛妮娅和卡西米尔允许她回到她的阁楼。可是她回去的第二天，又开始了填不饱肚子的凑合生活，把他们的叮嘱忘在了脑后。

学习……学习！玛丽感到自己的大脑在快速地运转，双手也越来越灵活。很快，李普曼教授就把一些原创性的研究工作交给了她，她赢得了展示自己才华和创造力的机会。每天六点，她都穿着肥大的工作服，站在巴黎大学实验室摆放着精密仪器的橡木桌子前，仔细地注视着眼前的仪器，观察着正在沸腾着的化学反应。她周围还站着一些年轻人，其中大部分是男性，和她一样，都在盯着仪器看。实验室里一片安静，因为他们觉得眼前的实验可比闲聊有趣得多。

不过实验结束后，男同学们会望向玛丽，有时站在门口和她说几句话，或围在她身边讨论问题。玛丽不像之前那样冷淡了。有一次，男孩们急切地表示想要和她一起走，她的好朋友迪丁斯卡小姐不得不挥动雨伞将他们赶走。玛丽根本没有时间结交朋友。她怀着钢铁般的意志和对完美的执着追求，以及令人难以置信的坚毅，全身心地投入到了学习当中。

1893年，玛丽获得了物理学学士学位，1894年又拿到了数学学士学位，她的物理学成绩名列第一，数学成绩排名第二。同时，她还在努力提升法语水平，想把法语讲得像法国人那样地道。她尽力改掉波兰口音，但她在发"r"这个音时总会带一点儿卷舌，不太纯正，不过这反而使她更具个人魅力。

有时，她还会抽时间欣赏巴黎的春天和盛开的鲜花。她从来没有忘记自己是从波兰农村走出来的。她在乡下过了个周末，那里的丁香和果树都开花了，空气中飘满了各种花香，令人陶醉。

炎热的七月到来时，玛丽又迎来了一场考试，她很紧张，总觉得准备得不充分。她和其他三十名学生坐在气氛凝重的考场上，她看着试卷，上面的字仿佛在眼前乱跳。她定了定神，然后集中注意力，写了起来。考试结束后，她和其他人一样，怀着忐忑的心情等待公布成绩的那一刻。到了那一天，玛丽悄悄溜进半圆形的阶梯教室，紧张地等待着。她坐在角落里，在那些学生和家长中毫不起眼，她确信自己考砸了。

主考官拿着名单走了进来，全场一片肃静。玛丽还没有反应过来，就听到主考官念出了第一名的名字：玛丽·斯克沃多夫斯卡。

假期到了，玛丽满心欢喜地带着优异的成绩回到波兰。她还带了其他东西——给家人的礼物。她把剩下的钱花了个精光，是的，一分都不剩。她给父亲、约瑟夫、海拉都买了礼物，还买了两千公里旅程中要吃的东西。每个从外面归家的波兰人都要身无分文、满载礼物地回到家，这是一个不能打破的习俗。

在漫长的暑假里，波兰的亲戚们热情地招待了她。但有一个问题一直萦绕在玛丽心头：秋季开学后该怎么办？她去哪里筹集下一学年每周一镑的生活费呢？她很发愁。就在这时，一个好消息传来。上一次，迪丁斯卡小姐曾经用雨伞保护了她，现在她又一次出面帮助了玛丽。她成功说服华沙当局向玛丽提供一笔奖学金，因为她确信玛丽将会给这座城市带来荣耀。现在，玛丽可以获得六十镑的亚历山德罗维奇助学金，她下一年的学费有着落了。玛丽精打细算，尽可能省下每一分钱。在她能挣钱后，她努力存钱把这笔奖学金还上了，因为她希望其他贫困的学生也能够体会到和她一样的温暖。多年后，奖学金委员会的秘书收到这笔钱时大为震惊，因为从来没有其他人像玛丽这样做过。

玛丽重返巴黎大学，投入到她所热爱的事业中，从来不觉得苦。这段艰苦奋斗的求学生涯是她一生中最热爱的时光——尽管贫穷、孤独，但她带着年轻人的热情和冲劲，奋发向上，做回了真正的自己。玛丽被称为"永远的模范生"，就是老牌大学一直传说的那群人中的一员：年轻、贫穷、孜孜不倦地追求知识，有崇高的目标，相信自己，并不惜一切代价去实现。

在旧油灯下刻苦学习的玛丽，仿佛知道自己将成为伟大科学家的同伴。尽管生活没什么着落，但她却过得简单充实、快乐幸福。寻求真理就是她每天的乐趣所在，不过偶尔会被一些意外破坏，比如一双穿破了的鞋子——因为要买一双新鞋把几周花费的预算都打乱了，她不得不忍饥挨饿，把钱省出来。一天晚上，她冻得无法入睡，就把箱子里的衣服全部拿出来，盖在被子上。可她还是冻得浑身发抖，但家里除了一把椅子，没有什么可以堆在被子上了。她把椅子拖过来压在被子上，一夜都

不敢动，生怕椅子会掉下来。早上起来，水桶里的水都结了一层冰。但玛丽热爱那时的艰苦生活，甚至写了一首小诗纪念那段岁月：

求学时光多么艰苦难过　　　　幸福的时光已飞驰而过
年轻人寻求着轻松的快乐　　　她离开科学的殿堂
纵声放歌　　　　　　　　　　为了生活四处奔波
她独自一人　　　　　　　　　多少次，她重温阁楼岁月
在日复一日的孤独中　　　　　只为获得心灵的慰藉
找到了热忱和欢乐　　　　　　往日奋斗的一幕幕
视野变得无比开阔　　　　　　成为记忆中发光的宝藏

第九章
玛丽的爱情

玛丽在工作上遇到了麻烦。这不是第一回，也不会是最后一回。她有一项特别有趣的科研项目要做，但没有找到合适的实验场所。波兰全国工业促进会请她对不同种类钢产品的磁性特征进行研究。这正是她喜欢的工作。在李普曼教授的实验室里，她已经完成了大部分的实验，但她还要用重型设备做矿物质分析、金属样品分类，但现在的实验室根本放不下重型设备。她把自己的困难告诉了一位科学界的朋友——科瓦尔斯基先生，他恰好和妻子来巴黎度蜜月，同时也要在这里做几次科学讲座。

科瓦尔斯基认真地看着她。他知道这件事很重要，但是他一个来巴黎旅行的人能给出什么好的解决办法呢？

"对了，我有一个主意！"他略加思索后说道，"我认识一个在勒蒙街的理化学校工作的人，他极有才干。也许他那里有实验室，即使没有也能给你些建议。明天晚饭后去我那儿喝茶吧，我把那个年轻人也邀请过来。他在物理学领域颇有名气，你可能听过他的名字，皮埃尔·居里。"

当玛丽走进科瓦尔斯基夫妇住的寄宿公寓时，她看见一个高个子年轻人正站在阳台的落地窗前。他看上去十分年轻，玛丽感到惊讶，她以为自己要见的这位名人应该已经上了年纪。这个年轻人外表普通，却让人印象深刻：他儒雅庄重中透着潇洒，这种气质在宽大外套的衬托下更加突显。两人相互自我介绍时，他的眼神清澈而纯净，透露出十足的真诚。玛丽欣赏他那严肃却略带天真的微笑，他们立刻讨论起科学问题——这不正是两人最终走到一起的原因吗？

皮埃尔的父亲是名医生，在皮埃尔很小的时候，他就意识到这个孩子迥于常人，所以对他的教育特别上心。皮埃尔没有上过公立学校，父亲专门为他请了一位私人教师教导他。皮埃尔在一个和睦的家庭长大，家人之间感情深厚，他很爱父母和哥哥。受家庭影响，他自幼喜爱科学，常常独自钻研思考，还会把自己的观点记在日记里。他很年轻的时候就曾在日记中写道："女人往往比男人更热爱生活，因此天才的女子十分罕见。当我们专心投入某种伟大的工作而无法兼顾日常生活时，我们就不得不与女人抗争。母亲希望占有儿子的爱，哪怕这种爱会让儿子变成白痴。而坠入爱河的女人，为了得到哪怕一个小时的爱，就是牺牲世界上最罕见的天才也毫不在乎。"

他对女性的这种看法未免偏激，但皮埃尔也有自己的理由。除了他的观察有时确实符合现实外，他的初恋曾让他受过伤，所以他从那时候就下定决心不再谈恋爱，并决定终身不再结婚。他与玛丽在阳台上讨论科学时已经三十五岁，不得不相信有些事确实是命中注定的。令人难以置信的是，在法国，皮埃尔的名字几乎无人知晓，甚至常常被忽视。法国经常让伟人们饱尝这种心酸，但这并不会让他们的伟大削减丝毫。

在法国之外，皮埃尔声名远扬。他和哥哥发明了一种能够精确测量出微小电量的仪器，即石英晶体压电计，被其他国家的科学家广泛采用，大家对这个发明充满了感激。他独自发现的晶体对称性原理成为现代科学的基础之一。他还发明了新的科学天平"居里天平"和一个新的磁性定律"居里定律"。他和英国著名科学家开尔文勋爵[①]一样享有盛名，但他的薪水和高级技工不相上下，一周只有三镑。

不过，他的贫穷有一部分也是他自己造成的。他曾有一个收入颇丰的工作机会，但他拒绝了："不了，谢谢。这类行政职位对我来说就是心灵折磨。"有人建议政府为他颁授勋章，他也果断拒绝了——他不想在追名逐利上浪费生命。

于是，这位科学爱好者站在玛丽面前热情洋溢地谈论着，他修长而灵敏的手搭在桌子上，一双平静清澈的眼睛注视着她，目光深沉、平和而超然。也许此时皮埃尔突然想起了他之前写在日记里的话——"天才的女子十分罕见"。

起初，大家泛泛而谈，不久就变成皮埃尔和玛丽之间有关科学问题的对话。她来到这里不正是为了科学事业吗？玛丽带着敬意，向眼前这个看起来很年轻的名人请教，并认真听取他的建议。后来，皮埃尔却破

---

① 开尔文勋爵，即威廉·汤姆孙，英国著名物理学家、工程师。

天荒地谈到了自己，谈了他的计划和正在做的晶体规律研究，谈到研究的过程是如何复杂却令人着迷。一个念头突然出现在皮埃尔的脑海中：自己竟然在和一个女子谈论自己热爱的工作，其中涉及了各种专业术语和复杂的公式；而这个年轻女子不但能够理解，而且流露出浓厚的兴趣，甚至能敏锐地和他讨论某些细节，提出独到的见解……多么有趣的谈话啊！他又看了看玛丽，看着她那头漂亮的金发，看着她那双因化学酸性试剂和家务变得粗糙的双手，看着她优雅的举止，看着她毫不矫揉造作的神态——如此迷人，这让他心慌意乱。这就是科瓦尔斯基说的那个在波兰工作多年，一心想要到巴黎求学的姑娘，她身无分文，独自一人住在阁楼发奋学习。

"你打算一直待在巴黎吗？"他问道。

"当然不。"玛丽回答道，"如果我能顺利通过考试，今年夏天我就会回华沙。秋天我愿意再回来，不过我不知道自己能否负担得起学费。以后我可能会在波兰当个老师，设法发挥自己的才能。波兰人绝不会抛弃自己的祖国。"

他们的谈话便转到波兰正在遭受的苦难和它的压迫者上面。皮埃尔这个之前全身心关注科学的人，听到这个国家反抗压迫、追求自由独立的故事，感到惊讶而痛苦。也许他想到了当一个科学家不能把全部心思用在科研上，真理和知识将要遭受多么惨重的损失。也许他还想到了自己要与波兰竞争，努力把这位罕见的天才留在巴黎的科学界。无论如何，他都想再次和她见面。不久，他在一次物理学会的会议上再次见到了玛丽，她去那里旁听科学家们有关最新发现的讲座。皮埃尔将自己新出版的一本专著送给了玛丽。在李普曼教授的实验室里，皮埃尔也能看到穿着亚麻布工作服、忙着操作各种仪器的玛丽。

随后皮埃尔向玛丽要了地址，并到弗扬蒂讷路 11 号拜访她。可能因为著名科学家路易·巴斯德[①]曾在这条街上住过，皮埃尔对这个地方很熟悉。他爬上六楼，走进小阁楼，这个出身于医生家庭的年轻人立即被眼前穷困的景象震惊了。不过，他又在心中赞叹，玛丽的朴实与这个环境又多么相配啊！在这间空荡荡的阁楼里，玛丽穿着破旧的连衣裙迎上来，显得那么可爱。她的身体因为艰苦的学习而消瘦憔悴，但脸上洋溢着热情和活力，在简陋房间的映衬下越发光彩照人。

犹如阳光穿透浓雾，皮埃尔所有的痛苦都消失了。两人相谈甚欢，皮埃尔受到激励，以更积极的态度投身工作，原本认为无关紧要的事情，现在也重视起来。不久，他便写出了一篇极具创意和才气的博士论文。他发现，女人不但没有扼杀男人的天才，反而唤醒了它。他越发坚定了自己的崇高理想，因为他已经难以自拔地爱上了玛丽。

但玛丽的心意如何呢？皮埃尔试图找出答案。他带玛丽去了美丽的法国乡村，他们都喜欢乡村生活。回来时，两人还采了一束黄色的雏菊插在瓶子里，为阁楼增添了温馨甜美的气息。皮埃尔还带玛丽去了索镇——他位于巴黎郊外的家，去见他的母亲和和蔼可亲的父亲。玛丽觉

[①] 路易·巴斯德，法国著名的微生物学家、爱国化学家，近代微生物学的奠基人。

得仿佛回到了自己家，这里和她华沙的家太像了，两家人都同样喜欢看书，同样热爱大自然，同样热爱科学，家庭氛围同样融洽和睦。他们谈到了美丽的波兰，玛丽脸上露出笑容，讲述了自己在波兰乡间度假的故事。而且，几个星期之后，她就要返回故乡了。

"可是你十月份还要回来的，对吧？"皮埃尔急切地问道，一种担忧攥住了他的心，"如果你放弃科学，那可是大罪过。"

玛丽听懂了他的话外音，皮埃尔真正想说的是若抛弃了他才是罪过。

但祖国波兰占据着她的心，迟疑了一会儿，她抬起头，略带羞涩地看着他，回答道："你说得对，我也想回来。"

没过多久，皮埃尔就鼓足勇气向玛丽表白了自己的心意，并请求玛丽嫁给他。但玛丽拒绝了。嫁给一个法国人，背弃自己的祖国波兰，她绝对不能这样做！他们就这个问题讨论了很多次，皮埃尔始终坚持自己的立场，因为他知道科学站在自己这边，他相信没有人有义务为了国家而抛弃科学，因为科学是属于全世界的，个人不能为了一个国家而抛弃全世界。

玛丽回波兰度假了，除了维持朋友关系之外，她无法再给皮埃尔更多的承诺。皮埃尔一封接一封地给玛丽写信，想要说服她。他想去看望玛丽，但玛丽和父亲一起在瑞士度假，他怕自己贸然出现会破坏了他们的美好假期，只好放弃。他把自己的想法和担心全部写在信里，并不断强调自己的观点，认为一个人应该终身为之奋斗的梦想只能是科学梦想。他写道：

在政治上，你也许永远也不知道自己做的到底是对还是错，因为很可能你的本意是爱国可实际上却带来了破坏。如果你想帮助人类，而又不知该如何去做，或许可以在科学上做出些成就。因为科学的基础是坚实的，我们做出的任何发现，无论多么渺小，都会成为知识的一部分。真理，一旦被发现就不会消失，也永不出错。

请相信我

爱你的皮埃尔·居里

玛丽喜欢给皮埃尔写信谈论她对自由的追求。

"坦率地说，"他回答，"我们都是奴隶，我们是感情的奴隶，是偏见的奴隶，是谋生的奴隶。我们都是机器上的一个轮子。我们需要向周围的环境做出让步。如果让步太多，我们会失去自我；如果让步太少，又会被碾碎。"

十月，玛丽如约回到巴黎，不过她还是一如既往地坚持己见。其实固执的又岂止是她？皮埃尔开始思考自己是不是应该做出妥协。这个念头刚冒出来，他就立马付诸行动了。他提出放弃留在巴黎，和玛丽一起回波兰。他可以暂时放下科研工作，教法语谋生，然后再找合适的机会重新回到科研工作中来。

玛丽十分纠结，她去找布洛妮娅谈心，并问她如何看待皮埃尔放弃巴黎和她回波兰的这个提议。就玛丽自己来说，她觉得自己根本没有权利要求别人做出如此巨大的牺牲。皮埃尔提出这种想法，让玛丽既感动又不安。皮埃尔去拜访了德卢斯基，征求他们夫妇的建议，他们俩完全站在他这边。

布洛妮娅又陪同玛丽去拜访了皮埃尔的父母，从他母亲那里了解到皮埃尔是个优秀孝顺的儿子，布洛妮娅相信妹妹嫁给皮埃尔会幸福的。

玛丽又犹豫了十个月，然后这两个曾经坚定的不婚者放弃了昔日的想法，牵手走进幸福的婚姻殿堂。

玛丽的哥哥约瑟夫给她写了一封热情洋溢的信，代表家人表示对她的理解，口吻就像祖国母亲波兰在叮嘱自己的女儿，嫁给皮埃尔·居里这位法国科学家比回到波兰当老师要有价值得多。事实上，后来发生的一切都表明了玛丽此刻的决定是正确的。

于是，玛丽开始开心地为他们的婚礼做准备了——这将是一场与众不同的婚礼！

1895年7月26日，晴空万里，玛丽·斯克沃多夫斯卡的心情也如阳光般明媚。她梳理好一头漂亮的秀发，穿上卡西米尔的母亲德卢斯基老夫人送给她的海蓝色连衣裙，美丽的脸庞上洋溢着喜悦和幸福。玛丽不想要婚纱，她很喜欢她的新裙子，因为她平日里只有一条裙子，而且每天都在穿。她喜欢实用的，这样日后也能穿。

然后，玛丽和皮埃尔乘火车去婚礼的举办地——索镇。公共马车沿着圣米歇尔大道一路向前，马蹄嗒嗒嗒地响着，经过巴黎大学时，两人相视一笑，眼神中满是爱意——不正是对科学的热爱把他们联结在一起了吗？

在索镇，除了布洛妮娅和卡西米尔，还有从华沙远道而来的斯克沃多夫斯基先生和海拉。他们没有交换金戒指，也没有举行婚宴。结婚礼物中，最贵重的就是一位堂兄送的两辆自行车，两人计划要骑着自行车去度蜜月。

婚礼结束后，双方的父亲见到两位新人，玛丽的父亲对皮埃尔的父亲动情地说道："玛丽值得你当作女儿来疼爱，她从出生那天起就从没有让我痛苦失望过。"

第十章
居里夫人

皮埃尔和玛丽开始了一场特别的蜜月旅行。他们没有买车票也没有订房间,打算骑着自行车在法国乡下四处漫游。他们在自行车后座上捆了几件衣服,为了应付多雨的夏季,他们还带了两件长款橡胶雨衣。自行车的轮子在湿润的法国乡间小道上安静地向前滚动着,道路两旁的树木郁郁葱葱,明亮的阳光透过枝叶间隙洒下点点光影。他们沿着光影斑驳的小路前行,树叶上残留的雨珠不时地滴落在他们身上。

两个人单独在一起的旅程多么有趣!他们不知道旅程的终点,也不知道途中还有多少惊喜,正如他们不知道眼下的路会把他们带到何处,或者今晚要在哪里借宿一样。

皮埃尔从小就喜欢在寂静的森林里漫步。他喜欢森林的清凉湿润,也喜欢遍布岩石的山坡,那里浸润着迷迭香、小叶薄荷和野蔷薇的芬芳。他随时会去漫步,不在乎是白天还是黑夜,黎明抑或黄昏。吃饭也不按固定时间,十一点或三点,七点或十点,对他来说都无所谓。而现在,漫步变得更有乐趣，因为有玛丽陪在他身边，两人可以自在地闲谈，他也可以独自静静地思考，玛丽从不催促和打扰他。

两人都不喜欢铺张浪费，傍晚时分随意找了一个简陋的乡村客栈投宿。客栈里有一个小酒吧，摆放着几张桌子和几把椅子。店家拿来一张洁白的餐布铺在桌子上，然后给他们端上冒着热气的美味浓汤。晚饭后，他们爬上吱呀作响的木楼梯，穿过乱糟糟的走廊，来到一间烛光昏黄、壁纸已经褪色的房间。法国的乡村客栈往往都是这样的，晚餐丰盛，床铺干净整洁，而且花费很少。

第二天早上，吃完面包卷，喝过咖啡，他们骑着自行车沿着一条树荫浓郁的林间道路继续前行。一段长长的骑行后，前面就是神秘的森林深处。他们想去森林深处探险，于是将自行车停放在路边的农舍，拿上指南针，因为在法国广阔的森林里很容易迷失方向；又往口袋里装了几个苹果，然后就出发了。他们踩着柔软的苔藓，一不小心就陷进了泥里。太有趣了！他们早把方向、时间忘得一干二净，没有人知道他们什么时候回来。

皮埃尔漫不经心地大步走在前面，玛丽迈着小步跟在后面，两人步调始终一致。玛丽没有戴帽子，尽管当时的女性出门散步都会戴帽子。她独创的"时尚"还不止这一样。本应拖地的长裙被她用橡皮筋挽了起来，露出沾满泥浆的鞋子，脚踝也露了出来。她的鞋子很结实，腰上系了一条不怎么好看的皮带，但相当实用，皮带上的小袋子里装着小刀、手表和零钱。皮埃尔在前面走得很快，好像急着去赶火车似的，但他的话玛丽听得清清楚楚。他和玛丽谈论着他的晶体研究工作，没有比这个话题更艰深难懂的了，但玛丽听得津津有味，她做出的回答也非常有见地，两人的想法常常不谋而合。

玛丽走得有点儿累了，忽然他们来到森林深处一处开阔地带，中间有一个芦苇环抱着的池塘。玛丽舒展着身体躺在河岸上晒太阳，皮埃尔像个小男孩一样去看看池塘里有什么好玩的。他在池塘边发现了蜻蜓、蝾螈和火蜥蜴。水塘深处有睡莲漂浮在水面上；近处，盛开着黄色的鸢尾花。他想摘点儿花装扮玛丽，但没有船。远处有一棵树倒伏在水面上——也许有点儿滑，但为了爱人，滑一点儿又算什么呢？皮埃尔运气不错，他很快就回来了，手里拿着一顶用带水珠的莲花和鸢尾花编织成的花环，戴在了玛丽的头上。

过了一会儿，皮埃尔突然趴在地上悄悄地向水边靠近，仿佛看到了猎物。玛丽仍旧静静地躺着，在炎热的八月，没有什么比悠闲地躺着更惬意了。突然，她尖叫起来，惊恐地看着自己的手心，一只又凉又湿的青蛙正蹲在那里。

"难道你不喜欢青蛙？"皮埃尔惊讶地问。他从小就喜欢青蛙。

"不讨厌，但我不喜欢青蛙跳到我手里。"

"太可惜了。观察青蛙很有趣。你看，它多么帅气！"

不过皮埃尔还是把帅气的青蛙送回了池塘，让它获得了自由，两人继续享受着舒适的休憩时光。

休息够了，他们再次出发。边走边聊，玛丽一直戴着那顶别致美丽的花环。最后他们重新回到公路旁的农舍，骑上他们的自行车再次出发。

八月中旬，他们已经沿着林地小路环绕巴黎骑行了一圈，随后来到巴黎北部的尚蒂伊——一座掩映在丛林中的小镇，这里家家户户都养着赛马。玛丽和皮埃尔要在树林里一个名为拉比什，也被称作"雌鹿"的农舍和家人相聚。在那里，他们见到了布洛妮娅、卡西米尔和他们的女儿海伦娜，大家都叫她的昵称"露"。此外，德卢斯基老夫人、斯克沃多夫斯基先生和海拉也来了。

这座林间农舍充满着诗意的魅力。周围静悄悄的，偶尔能听到几声犬吠、树枝折断的咔嚓声、远处樵夫的砍树声、受惊的锦鸡扇动翅膀发出的簌簌声，还有野兔在草丛中奔跑时的窸窣声。五月的时候，大地上覆盖了一层黄色的铃兰落叶，人们目之所及，都是如画般的风景。

他们在农场里畅谈，也常常和露聊天。露年仅三岁，漂亮可爱，活泼开朗。有时他们和斯克沃多夫斯基先生讨论严肃的科学话题，他们也探讨如何养育孩子。皮埃尔的父母偶尔也会专门从索镇过来度假，大家聚在一起讨论医学和政治。法国是个言论自由的国家，玛丽经常听到她的法国公公和他的朋友们情绪高涨地讨论政治，言辞激进得令人惊讶。政治已融入了法国人的生活，他们密切地关注着国家的治理情况。在自由的法国，他们可以畅所欲言，这让他们的谈话变得非常有趣。但皮埃尔不同，他对政治不感兴趣，也不是愤世嫉俗的人。不过，当政策不合理或残忍时，他会立马站出来，站在无辜的受害者一边，与不公平的行为进行斗争。

蜜月结束后，皮埃尔和玛丽在巴黎租了一套公寓安顿下来，开始了他们简单得不能再简单的家居生活。他们不准备在家里请客，所以家里只有两把椅子。如果有不速之客爬上四楼来打扰这对夫妇，他只要看看四周，找不到任何可以落座的地方，不用皮埃尔和玛丽开口，就再也不会来自找没趣了。居里夫妇根本没时间来休闲娱乐。玛丽现在有两种工作：一种是妻子的工作，琐碎而累人，相信大部分妻子都能感同身受；另一种是科学家的工作，同样需要花费大量精力，大部分科学家也深有体会。

玛丽尽可能地将家布置得简单，因为打理的时间越少越好。没有地毯需要掸灰，没有扶手椅或沙发需要擦拭，墙上也没有任何装饰需要擦净。屋子里只有一张长木桌、两把椅子和书架，打扫起来比较省力。桌子上放着一个插满鲜花的花瓶，为室内增添了些许温馨；而桌上堆放着的书、一盏煤油灯和一摞物理学论文，则表明这是一间属于学者的屋子。两个相爱的人，同样热爱自然和求知，只想把时间都花在科学研究上。不过，他们还需要挣钱养家，这无疑挤占了不少科研时间。而且这一次，玛丽再也不能像求学时那样忽略物质生活，节俭到不顾一切的地步。

为了更好地打理家务，玛丽买的第一样东西就是一本黑色封面的账簿，上面用烫金大字印着"记账本"。她深知精打细算是支撑起幸福家庭的重要基石，特别是对一个每年只有二百四十镑收入的家庭来说。

她的厨艺也必须精进，否则皮埃尔的消化系统就会出问题。此外，玛丽还要琢磨晚餐怎么做更简单，这样她可以花更多的时间在科研上。

现实就是如此，但聪明的大脑可以想方设法地应对各种问题。玛丽做的第一件事就是延长一天的工作时间。她一大早就去市场买菜，然后回到家整理床铺、扫地，顺便把晚餐的食材准备好。哦，说到厨艺，玛丽在结婚前曾向布洛妮娅和德鲁斯卡夫人学习烹饪，但学到的并不多，反而从错误中学得更快。皮埃尔对饭菜毫不挑剔，好坏他都吃得很开心。不过玛丽不愿意让她的法国婆婆——一个来自以烹饪闻名的国家的女人——认为波兰女孩对厨艺一窍不通，玛丽的自尊心不允许这种情况出现。她一遍遍地翻看食谱，拿出了做科研的精神，把它们当作科学进行研究，在页边空白处，简单扼要地记下失败的原因和成功的总结。不过还有一些经验是无法从菜谱上学到的。炖牛肉是用冷水还是热水？怎么避免通心粉粘到一起？这些都需要以科学的精神在实践中慢慢摸索。渐渐地，玛丽的厨艺越来越精湛，她研究出了外出时可以在炉火上慢炖的菜谱；她还能精确地计算出不同的菜肴所需要炖煮的时间和对应的火苗高度。放上炖锅，设置好炉火后，她就可以放心地离开家去实验室做八个小时的科学研究了。谁说科学知识对厨艺没什么帮助的！

夫妇二人经常去索镇看望皮埃尔的父母，但他们的工作并没有因此中断，家里专门腾出了两间屋子让他们专心搞科研。他们难得去一次剧院，除此之外就没有什么娱乐活动了。海拉要结婚了，他们也不能赶回华沙参加，因为凑不够来回的路费。他们一年到头都在工作，只在复活节时休息了几天。这样一直持续到了八月份，玛丽迎来了期末考试。

玛丽又一次赢得了第一名。皮埃尔骄傲地搂住妻子的脖子，开心地回到家中。一到家，他们就给自行车打好气，收拾好行李，出发前往奥弗涅①旅行。

那个假期让玛丽终生难忘：

这天给我们留下了美好的回忆。阳光明媚，我们经过漫长而艰难的攀登后，穿过了奥布拉碧绿的原野，尽情地呼吸着高原上新鲜纯净的空气。另一个难忘的记忆是傍晚时分我们在特鲁耶尔峡谷行走时，远处飘来一阵悠扬的歌声，是从一条顺流而下的小船上传来的，我们都被迷住了。我们没有算好路程，想在黎明前返回住处是办不到了。途中遇到一队马车，马儿见到自行车受了惊，我们不得不穿过刚犁过的田地。当我们回到大路上时，整个高原沐浴在梦幻

---

① 奥弗涅，一片火山区域，位于法国中部。

般的月光中。夜色中，牛栏里的牛严肃地走来走去，瞪着平静的大眼睛望向我们。

假期过后他们又投入到工作中。生活继续用它的艰辛磨砺着玛丽·居里，就像它曾经磨炼玛丽亚·斯克沃多夫斯基一样，似乎在告诉她：只有付出艰苦的努力，才能获得世界上最美好的事物。

玛丽希望有个孩子，就像她希望和皮埃尔分享一切一样，诚挚而热切。但现实是，怀孕后身体的不适让她恼火，她想做的事都做不了了。她不能再一连站八个小时研究钢铁的磁性特征，也不能骑车和皮埃尔在布列塔尼的蓝色海湾漫游了。她惊讶地发现她不得不向一些事情妥协。斯克沃多夫斯基先生特意从华沙赶来，和女儿一块儿住在布朗港的一个旅馆里，照料着她，直到皮埃尔从巴黎繁忙的工作中脱出身来为止。皮埃尔用新学的波兰语给玛丽写信，虽然波兰语很难学，但他还是为自己的进步感到开心。

我亲爱的小姑娘，我的挚爱。我今天收到了你的信，很高兴。这里没有什么新鲜事，只是我很想你，我的心早已飞到了你那里。

玛丽尽量用简短易懂的波兰语回复："这里阳光明媚，天很热。没有你在身边，我很忧伤。快来吧，亲爱的，我从早到晚盼着你来，但仍不见你的踪影。我很好,在尽量工作,但庞加莱[①]的书比我想象的要难。等你来了,我一定要和你谈谈这本书,我们可以一起探讨一下里面的难点。"

女儿伊蕾娜的到来给玛丽带来了欢乐,同时也增加了她的工作量。她亲昵地叫她小公主,给她喂奶,帮她洗澡穿衣。如果不是医生强烈要求她请保姆,她肯定要一直自己带。

现在,玛丽的时间被四件事占满了:实验室、丈夫、家和女儿。当她想工作时,小伊蕾娜要么因为长牙而撕心裂肺地哭,要么感冒了,要么碰到了头。两位伟大的科学家,作为父母,不得不整夜照料着这个绿眼睛的小天使。有时,即使伊蕾娜没有哭闹,玛丽也会突然放下手中的科研工作,跑出实验室冲向公园,看保姆有没有把孩子弄丢。没有任何问题!保姆正推着婴儿车在路上走着,伊蕾娜好好地在里面坐着呢。保姆不在的时候,伊蕾娜有祖父居里大夫这个忠诚的"卫士"。把伊蕾娜交给居里大夫照料,玛丽可以毫无牵挂地去忙实验室里的工作。

没有人留意到伊蕾娜的妈妈瘦了下来。不过玛丽很幸运,瘦下来的她比以往更漂亮,有一种高贵、优雅的美。她现在消瘦得有些弱不禁风,不过额头仍然饱满,眼睛也依然明亮而深邃。

---

① 庞加莱,亨利·庞加莱,法国数学家、天体力学家、科学哲学家,提出庞加莱猜想。

第十一章
伟大的发现

同其他杰出的科学工作者一样,玛丽在实验室里埋头工作。她获得了两个硕士学位和一个研究员职位,并发表了一篇关于回火钢料磁化性能的论文。接下来,她要争取的是许多学者都梦寐以求的博士学位。要想获得博士学位,就需要发现人类未知的东西,解决科学难题。有许多尚未解决的问题,其中一些甚至没有一点儿思路。有人终其一生都在孜孜不倦地攻克某个难题,最后发现一辈子过去了,却一无所获。正如莎士比亚所说,大自然的神秘在于它的未知。不过在这些未知中,玛丽要去探索什么呢?

皮埃尔是玛丽所在实验室的主任,同时也是一位博闻强识、经验丰富的物理学家,玛丽乐意听取他的建议。他给出的建议中肯务实,常常给玛丽带来启发,帮助她更好地探索未知。两人经常探讨,是否有某种无知阻碍了人们探索新知的道路。一天,玛丽翻阅着讨论最新科学发现的期刊,法国科学家亨利·贝克勒尔的文献再次吸引了她。早在一年前他们就读过这篇文献,很感兴趣,现在玛丽又读了一遍,以一贯认真的态度仔细研读着。

自身会发光的物质!不需要从太阳或其他行星那里吸收光,它们自身就会发光!很有趣吧?玛丽被深深地迷住了。

德国物理学家威廉·伦琴发现X射线之后,医生们用它透过人体皮肤来观察皮下组织的情况。随后,法国数学家亨利·庞加莱便产生了一个新想法,是否还存在其他在光的作用下会发出类似于X射线的发光物质?亨利·贝克勒尔对这一问题产生了浓厚的兴趣,他先假设存在这种射线,开始研究一些物质,看是否能找到相似的射线。他在研究一种叫作铀的稀有金属时,有了惊人的发现:铀盐在没有光照的条件下就能释放射线,它本身就能发光。这是从未被人类发现过的物质,没有人能理解或清楚地解释这种射线。贝克勒尔经过研究知道了它的一些特性:例如,将铀化合物放在黑纸包起来的照相底片上,它能透过黑纸使底片感光;而且它还能让周围的空气变成导体,用验电器可以测出它的导电性。多么令人惊讶的射线啊!

贝克勒尔的发现证明了世界上存在这种特殊的射线。玛丽决定研究这种射线背后的原理,并把它作为博士论文的研究课题。虽然铀盐发出的射线极其微小,但她有强烈的探究热情。她要找出这种射线来自哪里、是如何形成的、有哪些特性,进而要探究它的本质。

玛丽没有任何书可以参考,除了贝克勒尔的论文,但论文也没有对这个问题进行深入探讨。她要研究的铀射线,迄今为止,还没有人涉足过这个领域，也就没有老师可以指导她。这将是一次惊心动魄的探险，是一场对未知世界的探索。

但正如探险家想要进入巴西的雨林中探险，需要一艘载他渡过亚马孙河的船一样，玛丽也需要一个可以做实验的地方。这个地方找起来并不容易，皮埃尔四处向朋友们打听，但谁也没想出哪里有合适的空房。最后，皮埃尔任职的理化学校校长说，学校一楼的旧储藏室或许可以用。储藏室里到处是蜘蛛网，堆着一堆乱七八糟的仪器和杂物，看起来破旧不堪，不过这好歹算是一个房间。

在这个凌乱的小房间里，玛丽设法安装好了工作需要的仪器。玛丽早已习惯了艰苦的条件，这里冬天要忍受六度左右的低温，她也很快适应了。但潮湿的空气和温度的变化对精密仪器影响很大，在这种环境下做实验它们很容易产生误差。墙壁四周不断渗出潮气，仪器开始无法正常工作，它们需要的是恒温的环境。尤其是静电计，它特别敏感，玛丽不得不考虑到它的敏感度，并根据这个来计算误差。

就这样，玛丽开始研究铀射线。她首先要做的就是测量铀射线的电离能力（铀射线使空气变成导体并在静电计上产生读数的能力）。她要弄明白这种射线使空气变成导体后导电的能力有多强，以及需要多长时间验电器的电荷才能释放完。

玛丽用的验电器是两侧带有小孔的金属箱。其中中间垂挂的铜片 B 连接着箱盖内侧的一块硫黄 SS——一种很好的绝缘体。一条水平的金属管与铜片 B 相交，一端连接旋钮 C，另一端连接电容器 P′。和铜片 B 相连的还有金箔 L。整个金属箱放在地面上。当验电器通电时，金箔 L 和铜片 B 因为被导入相同的静电，产生同性相斥的效果，两者会分开。但当玛丽将检测物放在连接着金属箱外侧的金属托盘 P 上时，因为铀盐会增加空气的导电性，所以电容器 P′ 中的静电会通过空气传递到金属托盘上，这时金箔 L 和铜片 B 上的静电会逐渐变少，慢慢闭合起来。

玛丽用显微镜通过金属箱上的小孔观察整个实验过程。金箔下落所需的时间与铀射线的强度成正比。几周后，她便更加确信铀射线的强度和金属托盘 P 上铀样本的重量成正比，而且不受检测样本中化学成分、光照、温度或其他外部因素的影响。所以，铀射线是一种非常独特的存在。可是，它到底是什么呢？

如果只是研究铀，那么她就难以深入地探究这种放射性。玛丽想到，也许这种放射性不仅仅存在于铀中，可能也存在于其他物质中。虽然还没有人发现，但并不意味着它们不会被找到。玛丽要去寻找这种物质，只不过需要时间。她决定检验所有已知的化学物质。这需要多么大的决心啊！她面对的可是已知的所有化学物质！

况且，除了研究这些已知的化学物质外，她还要照顾丈夫、照料家，还有女儿需要玛丽帮忙穿衣喂饭、陪同玩耍、学习东西。但居里夫人对工作没有丝毫放松。她的脑中突然闪过一个想法：如果铀元素自己能发光，那么在广袤的宇宙中，肯定还存在其他能自己发光的物质。这种想法可能也曾在其他人脑中闪现，但只有玛丽抓住了它。

确实存在其他物质，不久后玛丽就发现了另一种物质——钍。她将这种自身会发光的属性命名为"放射性"。凡是具有这种特殊放射能力的元素，就叫"放射性元素"。

玛丽把所有已知的化学物质都测试了一遍，这些物质以无数种不同方式和比例组合在一起，构成了这个千姿百态的世界。但只有这两种物质具有放射性，为什么呢？这种神秘而奇特的放射性背后究竟是什么？她似乎离答案越来越近了，但她已经测试完所有已知的化学物质了，接下来还能做些什么呢？

大千世界，前人著述的文献应有尽有。玛丽把好奇心发挥到了极致。她决定去博物馆研究矿石。那些含有铀或钍的物质具有放射性，那不含有这两种元素的物质也可能存在放射性。前人已记录了矿石的构成，玛丽只需翻看一下他们的记录，从那些可疑的物质，即可能含有铀或钍的矿石开始研究即可。

一旦发现放射性矿物质，玛丽就会测量其中铀元素和钍元素的含量，然后测量物质整体的放射性强度。一加一应该等于二，但奇怪的是这两种元素加起来却是八。

她实验用的矿石标本的整体放射性比其中的铀元素和钍元素加起来的都要强，玛丽怀疑是哪里弄错了。她怀疑是实验偏差导致的，要重新开始测量。

如果第一次出了差错，那么这一次她肯定还是弄错了，因为这次

依然得出了相同的结果。她不相信，一遍又一遍，一遍又一遍，实验重复做了二十遍，但结果还是完全相同。

那么，只能有一个解释：矿石中肯定含有微量的未知的放射性元素，而且其放射性比铀或钍强得多。

1898年，这个人类世界尚未发现的化学元素即将浮出水面。玛丽兴奋地对布洛妮娅说："这种我暂时还无法解释的射线来自一种新元素。它的确存在，等待我们的发现。皮埃尔和我都证实了它的存在，但当我们把这一现象向其他科学家说明时，他们都认为我们的实验结果有误，建议我们仔细求证。但我坚信自己没有弄错。"

玛丽非常兴奋，一心想要探究未知物质的本质。她曾经写道："生活对我们任何人来说都不容易——可这有什么关系？我们必须坚持不懈，对自己有信心。我们要相信，上天给予我们的天赋必将有用武之地。不管付出多大的代价，我们都要实现自己的目标。"

1898年4月12日，玛丽·居里正式宣布："沥青铀矿和铜铀云母比铀本身的放射性更强。这一事实引人注目，它表明这些矿物中可能含有一种比铀放射性更强的元素……"

她确信这种新元素的存在，但需要真正看到它，将它展示在世人面前，才能令人信服。皮埃尔·居里对玛丽的工作一直很感兴趣，两人也经常讨论，现在他决定把自己的研究工作停下，开始和妻子并肩作战，帮助她找出这种新物质。两颗智慧的头脑和两双手联合在一起，与这个新物质开始了一场无声的博弈。玛丽已经证实了这种元素的存在，这是她做出的科学贡献。在随后的工作中，两人将一起分担，共同做出伟大的成就。

他们选择了一种沥青铀矿进行研究，因为它的总放射性强度是其所含铀放射强度的四倍。然而，沥青铀矿的精确成分早已为科学家所知，所以这种新元素的含量一定非常少，才能从科学家的眼皮底下逃脱了。两个人猜想新元素的含量可能只占沥青铀矿总量的百分之一。如果他们当时知道，他们要寻找的这一新元素在沥青铀矿中含量仅有百万分之一，又会做何感想呢？

他们将沥青铀矿中的所有元素分离出来，然后测量得到每种独立元素的放射性。随着工作的推进，他们发现沥青铀矿中存在着两种未知的具有放射性的元素。1898年7月，他们先发现了其中一种元素。

"得由你来给它取个名字。"皮埃尔对玛丽说。

玛丽默默思索着，她知道这一发现肯定会闻名世界，并被所有国家记住，她决定用她遭受压迫的祖国波兰来命名新元素。残暴的压迫者应该知道波兰也能向世界献礼。她低声对皮埃尔说："钋。"①

随后，玛丽回到家继续忙碌。她做了果酱，给伊蕾娜洗澡换衣，在日记本里记下孩子的体重和乳牙生长情况。伊蕾娜会用手势表示"谢谢"了，并能咿咿呀呀地说"走，走，走"了。

休假时间到了。两位科学家将钋和另一种未知物质留在了潮湿的实验室，然后带着女儿和自行车乘火车去了奥弗涅山区旅行。他们到的那个小镇上散布着各式各样的教堂，有一座古老的小教堂竟然坐落在一个形状奇特的小山尖上。两人沿着死火山散步，边走边谈论着另外一个未

---

① 钋（Polonium），这个元素名字的词根与波兰（Poland）的词根相同。居里夫人以此发现纪念她的祖国。

知的元素，还没有人见过它的真面目。他们站在克莱蒙特山上眺望着远处的山丘，法国的民族英雄维辛格托里克斯曾在这里战胜了所向披靡的恺撒，让他饱尝失败的苦涩。

他们走进小镇，这里埋葬着法国的军事领袖贝特朗·杜·盖克兰，他曾带领法国人夺回被侵占的领土。他们从高处俯瞰一条叫作"锡路"的古道，腓尼基人曾沿着这条道路将锡从未开化的不列颠运往文明的东方。过去的历史一幕幕在眼前闪现，而未知的事物就像一颗不安分的星星，闪烁着迷人的光芒，等待人们去解开其中的奥秘。

秋天的时候，居里一家三口回到了巴黎。伊蕾娜的牙齿又新长出来了几颗，并开始蹒跚学步，不再四肢着地到处乱爬。居里夫妇则又一次开始在潮湿的实验室里寻找另外一种未知的元素。

1898年12月26日，在给科学院的一篇论文里，居里夫妇宣布："这种新的放射性物质中含有一种新元素，我们建议将它命名为镭……镭的放射性强度不可估量。"

第十二章
黑暗中的光亮

现在,这个神秘而陌生的放射性物质有了名字,却没有人见到过它,甚至连为它命名的皮埃尔和玛丽也没有见到过。它不像其他已被发现的稀有物质——可以看到,可以摸到,能放进瓶子里,甚至能称重。称重这点尤其重要。重量——原子量——对科学家来说,是元素存在的最好的证明。皮埃尔和玛丽也很清楚,从科学家的角度来说,没有原子量就等于没有"镭"。他们必须找到镭进行称重,以此来证明它的存在,这样才能让科学家信服。

"它在沥青铀矿里,量极其少,不易察觉。"居里夫妇想,"但如果能从大量的沥青铀矿中提取出所有的镭,那么也许就能得到一点儿肉眼可见的镭。"

但是如何获得大量沥青铀矿呢,比如一百吨?得到后又该把它放在哪里呢?即使有了地方存放,接下来的工作又该如何开展呢?

两位科学家打算一步一步来,首先要找到沥青铀矿。他们知道哪里有大量的铀矿，波希米亚人制造精美的玻璃制品要用到铀矿，但价格高昂，居里夫妇根本买不起。当然，波希米亚人并不是直接用沥青铀矿制作玻璃的，他们只需要从矿石中提炼出的铀，剩下的大量矿渣就堆弃在圣约阿希姆斯塔尔的树林里。"镭和钋，"居里夫妇说，"并不在铀里，所以会原封不动地保留在矿渣里。也许我们可以说服生产商以便宜的价格把矿渣卖给我们。"

"卖？"生产商和气地说，"如果你们愿意出运费的话，就直接送给你们好了。"即便如此，高昂的运费也掏空了居里夫妇的积蓄。

沥青铀矿的问题解决了。装了好几节火车车厢的矿渣很快就会运到，不过该存放在哪里呢？

皮埃尔和玛丽来到了科学圣地——巴黎大学。他们想，在那一幢幢的高大建筑物里，肯定能找出一两间闲置的房屋让他们存放这宝贵的被寄予厚望的矿渣吧。但他们的想法并没有成真！他们不得已又来到了皮埃尔任教的理化学校，可在这儿也没有找到让人满意的地方。唯一能凑合使用的空间就是他们实验室院子另一头的一间棚屋。这是一个废弃的棚屋，玻璃屋顶早已破碎，一下雨就漏，而他们做实验需要干燥的环境。棚屋里没有地板，只铺了一层粗糙的沥青。屋里只有几张破旧的餐桌、一块黑板和一个旧炉子，上面的铁皮烟囱已经生了锈。夏天，因为屋顶是玻璃的，人待在里面就像要被蒸熟一样。冬天，外面冰天雪地，炉子烧到炽热也没有任何作用，人在棚屋里面都要冻僵了；要是遇到下雨，棚屋又会被雨水浇透。这些都不算什么，因为棚屋无法安装将有害气体排出去的通风罩,他们大部分工作都得在室外进行。俗话说得好,"乞丐不能挑肥拣瘦",所以居里夫妇还是决定在棚屋里开始他们的实验。

那个美好的早晨到来了!伴着一阵清脆的铃声,一辆像送煤车一样的货运马车停在了理化学校的门口。这对期盼已久的夫妇急匆匆地冲了出去,欣喜若狂地迎接他们的货物。这可不是煤!

运来的是一袋袋褐色的矿渣。玛丽等不及将麻袋搬回实验室,在大街上,在马儿好奇的注视下,她激动地解开了袋口的细绳。这是沥青铀矿,是她的沥青铀矿!或者更确切地说,是沥青铀矿中她最看重的那部分。她的心中,她的眼里,还有颤抖的指尖上,无不流露出强烈的好奇。她迫不及待地把双手插进棕色的矿渣里,其中还夹杂着波希米亚松林的松针呢!镭,这种放射性很强的神秘物质真的在其中吗?玛丽决定把它找出来，哪怕是处理山一般巨量的矿渣，也毫不动摇！

首批的一吨矿渣已经搬进了棚屋，他们的工作开始了。他们没有想到，这项工作持续了整整四年，这是玛丽一生中最美好也最艰难的几年。

在一口大铁锅里，她把矿渣煮沸，然后用一根和她几乎一样高的铁条不停地搅拌着。她整天忙着工作，为了不耽误工作进度甚至连吃饭都在棚屋里。几乎每天都能看到这样的场景：玛丽的头发被风吹得飘起来，脏兮兮的旧工作服上满是污点和酸渍，不停地搅拌着还看不见一点儿希望的矿渣。她选择了"男人的活计"，干的都是劳工的苦活儿。皮埃尔在棚屋里的桌旁专心地做着精细的实验，想弄明白镭的特性。有时候，玛丽一次要处理四十多磅矿渣，棚屋里放满了盛着沉淀物和各种溶液的瓶瓶罐罐。搬运容器，倾倒溶液，连续好几个小时搅动着铁锅里沸腾的东西。

一整天繁重的工作结束后，玛丽回到家还要忙着照顾孩子。她给伊蕾娜洗完澡，把她抱到床上，希望快点儿哄她入睡，好早点儿去书房和皮埃尔一起探讨研究。但伊蕾娜可不这样想。玛丽刚转过身要走，背后就传来一声可怜的"妈妈"……于是玛丽又折回来坐到床边陪着她，直到她睡着，然后再去书房和皮埃尔一起研究到深夜。

第二天，他们又投入到工作中。镭元素到底在哪里呢？他们会永远看不到吗？工作从一天天变成一月月，最后变成一连数年。他们没有气馁，专注地工作着，像是在梦中一样，心里只想着一件事，嘴上只谈论一件事。"真想知道我们看到镭时，它会是什么样子。"一天，玛丽和皮埃尔在院中散步时，忽然说道。

"我希望它有美丽的颜色。"皮埃尔温和地回答道。

1900年，法国化学家安德烈·德比尔纳来到棚屋协助他们做研究，在找到镭或钋之前，他先发现了一种它们的"兄弟"元素，命名为锕。

马车又先后拉回了好几吨沥青铀矿渣。一天又一天，玛丽以她那惊人的耐心提炼出了镭含量越来越高的物质。不过仍然看不见镭的影子，它依然隐藏着自己，保持着神秘的面目。

玛丽仍有极大的耐心，但也面临着重重的困难。她和皮埃尔的收入不足以养家，所以两人不能把全部时间投入到工作中。为了每年二百四十镑的工资，皮埃尔不得不花大量的时间在授课上，这挤占了他研究镭元素的宝贵时间，而收入也远远不能维持他们的日常花销和伊蕾娜的养育费用。于是，皮埃尔试图去巴黎大学谋个职位，这样他的科学知识能使更多学生受益，而且收入也更可观。也许还能拥有一间真正的实验室，那里有足够的电力进行实验，白天不用上很多课，晚上也不用批改很多作业。

但是，令人悲哀的是，职位并不总是留给那些科研能力最强的人，而是经常被院长的朋友或那些懂得自我夸耀的人夺去。皮埃尔有了一个申请职位的机会，但被告知要按惯例去逐一拜访任命委员会的成员。皮埃尔讨厌这种行为。他窘迫地按响门铃，到委员会成员家中拜访，但见面时他太谦虚了，反倒对自己的竞争对手大加赞美。所以到了公布职位那天，他的竞争对手顺利获得了职位。

为了谋生，必须要找到事做。皮埃尔终于获得了理工学院——法国最著名的两所学校之一的辅导教师职位。职位虽然不高，但一年能增加一百镑的收入。

就在这个时候，日内瓦大学给了皮埃尔一份梦寐以求的工作，担任大学讲师，有一间实验室，且完全可以配备他需要的所有仪器。皮埃尔接受了这一聘请，和玛丽一同去了日内瓦。但到了那里以后，皮埃尔发现自己无法舍下巴黎，更无法抛下镭元素，它就像他俩的孩子。不管巴黎如何待他们，但只有在巴黎他们才能继续将镭元素的研究进行下去。于是，怀着深深的歉意，皮埃尔辞去了日内瓦这份心仪的工作，两人回到了巴黎。他们的生活再次陷入了困顿，但唯一值得欣慰的是，他们可以继续投入到镭元素的研究中了。

不久后，皮埃尔在理化自然科学院获得了一个职位，玛丽也开始在塞夫尔师范学校给女孩子们上课。这些女孩很幸运，有居里夫人亲自教导她们。但遗憾的是，人们没有意识到，许多人都可以在塞夫尔教学，但玛丽所做的镭元素的研究工作却只能由她本人才能完成。玛丽备课极其认真，授课富有创意，收获了很多赞誉，这是学生们上过的最原汁原味、最有意思的课。但玛丽一周要乘坐好几次长途电车往返，还要备课和批改作业，挤占了她不少宝贵的时间。这就像是让著名画家伦勃朗去画门柱一样。皮埃尔和玛丽疲惫不堪。他们还能看到镭吗？

玛丽也忘记了之前许诺婚后要善待身体的誓言。"你们两个几乎都不好好吃东西"，医生在给皮埃尔的信里写道，"我不止一次看到，居里夫人只吃两片薄薄的香肠，喝一杯茶，就当作一顿饭。即使身体再强健，也禁不住天天这样挨饿啊……我知道你肯定会辩解，'她不饿，她又不是个孩子，难道不知道什么对自己有益'。但说实话，她真的不知道，她就像个孩子。作为你们的朋友，我必须提醒你们，要多花些时间在吃饭上……不要边吃饭边看书，或探讨物理……"

但两人都没有把医生的叮嘱放在心上，依然我行我素。他们要在勒蒙大街的这间棚屋里找到镭，将之公之于世，没有比这更重要的事了。

有一段时间，皮埃尔建议把精力转向镭元素属性的研究上，暂时停下提炼纯镭的工作，但玛丽不同意。

她离目标越来越近了。她不再从煮沸的矿渣中提炼物质了——她已经从几十吨矿渣中提炼出了镭含量极高的浓缩物。但要想进一步研究，她需要精密的仪器和一间防尘防潮、不冷不热的实验室，这样实验结果才不会被其他因素干扰。但玛丽根本没有这样的实验室，灰尘、温度和风不断地扰乱着她的实验，消耗了她大量的时间和精力。她的忍耐力真是令人惊讶。

1902年，距离玛丽宣布可能存在镭元素已经过去了三年零九个月，她终于"战胜"了这个神秘的放射性元素。她在残渣中找到了"星星"，她看见了镭！她提炼出了0.1克纯净的镭，它的原子量为226。化学家们纷纷向玛丽致敬。

晚上，玛丽和皮埃尔坐在家里。伊蕾娜此时已经睡着了，这个四岁的捣蛋鬼终于同意闭上眼睛，让妈妈回到爸爸身边给她缝制新衣服。伊蕾娜的所有衣服都是玛丽亲手缝制的。玛丽突然放下手中的活儿站起来,对皮埃尔说:"咱们再回去看看好吗?"

他们才离开镭两个小时,就渴望再次看到它。他们对镭,像对新生儿般眷恋喜爱。他们告诉居里大夫说他们要出去,然后手挽手穿过拥挤的街道,经过破旧的工厂,到了勒蒙大街,走进了那间棚屋。

"不要点灯!"玛丽说,"你还记得那天你说希望它有美丽的颜色吗?"

在这个黑暗的棚屋里,镭元素不仅有美丽的颜色,它还会发光!

"看哪!看哪!"玛丽兴奋地低声说着,她小心翼翼走到椅子前,坐在那里凝视着它。

黑暗的房间里闪烁着微小的亮光,好像淡蓝色的月光在水面上跳舞。在桌面的架子上,这些奇怪而神秘的光不停地跳动。在小小的玻璃容器里,镭终于露出了自己的面孔,用黑暗中的点点光亮证明了自己的存在。

· 第十三章 ·
放弃申请专利

全世界都为之兴奋！一种全新的物质进入了人们的视野，改变了人们对许多事物的看法。谈论镭的不只是科学家们，孩子们在放学回家的路上也在讨论它。女人们更是欢欣鼓舞，因为在过去几个世纪，所有伟大的发现一直被男性包揽，而现在终于有一位女科学家发现了全新的未知物质。不过刚开始的时候，根本没有人意识到镭的真正价值。

来自英国、丹麦、德国和奥地利的著名科学家纷纷给居里夫妇写信，询问有关这一新发现的具体信息。世界各地的科学家掀起了研究镭的热潮，他们发现了镭更多的特性，还找到了更多与镭相似的元素。威廉·拉姆齐和弗雷德里克·索迪这两位英国科学家发现镭能不断地从自身释放出微量的未知气体，他们将其命名为氦气。换句话说，镭能变成氦，这一发现令人震惊。科学家们惯于嘲笑中世纪那些炼金术士，他们鼓吹自己能点铁成金，在烟雾缭绕的神秘炼炉前做着白日梦。科学家们认为物质本身是由它的化学成分和原子量决定的，但如今他们不得不面对这样一个事实，镭元素竟然产生了氦，他们想知道是否还存在其他可以"创造"新物质的元素。现在看来，也许炼金术士的鬼魂正在嘲笑化学家们呢。

但无论如何，点铁成金也根本无法和镭所具有的神奇能力相媲美。镭看上去就像普通的食盐，但放射强度比铀强二百多万倍。除了金属铅，它可以穿透任何坚硬的金属。镭能自然产生一种气体，这种气体也具有放射性，即使把它密封在玻璃试管里，它一天也会损耗四分之一。镭还可以自然发出热，一个小时内足以融化和它质量相同的冰。如果将它和外界冷环境隔绝，它会自动升温，比周围的空气温度高。如果将它放在玻璃容器中，它会使容器变成紫色或淡紫色。如果用纸或棉花包裹住它，它会让两者一点点变成粉末。如果黑暗中不点蜡烛，一丁点儿镭发出的光的亮度就足够你读书用。

最神奇的是，镭元素似乎不满足于自身会发光，它能使许多不能自然发光的物体发出磷光，虽然这样的慷慨"赠予"并不总受欢迎。

它也能给普通人的生活带来便利，因为它可以使金刚石发出磷光，让赝品无处躲藏，钻石的买家可以借此来鉴别真假钻石。

玛丽还发现镭元素会干扰实验的结果。放在镭元素周围的任何物品都会具有放射性。镭元素将放射性传给了空气、灰尘、身上穿的衣服、实验仪器，还有笔记本。即使过了几十年，这些东西还闪着光芒。

科学家喜欢自己的想法被颠覆，所以刚开始发现镭元素的时候，他们都兴奋不已。因为不仅镭元素本身能创造出新的元素，而且新元素又会产生新的物质，以此类推。放射性元素是个奇怪的家族，它们每一个成员都由母物质衰变而来。它们带给科学家的震惊还不止这些。科学家发现每一种放射性物质都会在特定的时间内失去一半物质，这个特定的时间就是这种物质的半衰期。铀的半衰期是几十亿年，镭的半衰期是一千六百年，而镭的子元素的半衰期只有四天，子元素的子元素的半衰期只有几秒钟。

镭元素看似静静地躺在那里，实际上它在不断地产生新的子元素。镭元素和子元素在不断地相互碰撞。

然后，镭元素突然又显现出一种新属性，这一属性让之前的那些特性似乎都显得平平无奇了。皮埃尔在研究镭时被镭灼伤了。起初，他手上的皮肤只是发红，但没有疼痛感；几天之后，颜色渐渐变深；到了第二十天的时候，伤口像普通烧伤那样开始结痂，然后出现溃疡；到了第四十二天时，皮肤溃疡愈合。

玛丽一开始没想到自己也会被镭元素灼伤。她挪动装有镭的密封试管，且试管放在一个锡盒里，尽管如此，她依然被灼伤了。

然后是他们的朋友亨利·贝克勒尔回家时，把一个装有镭的玻璃试管放在夹克的口袋里，结果也被严重灼伤了。

"这个可恶的小家伙，"他向玛丽抱怨说，"它为什么要灼伤我？我多么珍爱它啊，现在我很生它的气。"玛丽对镭这个一向被自己视为掌上明珠的新元素也很有怨言，因为她的指尖被灼伤得厉害，都蜕皮了。

不久，人们就意识到镭元素的这种灼伤性大有用处，它可以让伤口很好地愈合。医生们对它的这个特性很感兴趣。他们用镭射线去除病人坏死的皮肤，伤口愈合后，病就好了。也许还可以用镭射线治疗癌症，人们翘首以盼。

镭向世人证明了它的价值，人们都想要购买它。玛丽从八吨沥青铀矿中提炼出了一克镭。这些镭价值三万镑，但玛丽不愿出售。玛丽在世的时候将其视若珍宝，后来赠给了她的实验室，这是她伟大工作和辉煌成就的珍贵象征。

一个周末的早上，皮埃尔和玛丽正在凯勒曼大道的家中，邮差送来了一封贴有美国邮票的信。皮埃尔仔细读过后，把它重新折叠好放在桌子上。

"我们必须谈谈，"皮埃尔对玛丽说道，"谈谈镭元素。镭元素要大量生产了。他们从美国布法罗寄信来询问有关镭的信息。"

"嗯？"玛丽对此不感兴趣。

"我们有两种选择。一种是将我们的科研成果和提炼方法毫无保留地公布出来……"

"当然。"玛丽笑着说道。

"另一种选择呢，"皮埃尔接着说，"作为镭元素的发明者，我们可以拥有这项成果的权益。这样的话，在公布从沥青铀矿中提取镭的方法之前，我们要取得这项技术的专利，从而保证我们在全世界制镭工业中的利益。"

皮埃尔说得很清楚，只要申请专利，便有一笔巨额财富等着他们。

玛丽思索片刻后说道："不可能,这是违背科学精神的。"

皮埃尔紧张的神色舒缓了,他和玛丽的想法一样,但他得让玛丽好好考虑一下,一旦做了决定就不能反悔了。他提醒玛丽考虑一下他们一直想要的实验室和女儿的未来。她真的不想成为富人吗?

玛丽知道科学家约定俗成的惯例，像法国科学家路易·巴斯德这样的伟人都一直遵守的惯例，她坚定地说道："物理学家从来都会将研究成果发表出来，我们的发现具有商业前景纯属偶然。镭元素要用于治病救人，我们不能从中牟取利益。"

皮埃尔点头赞同，靠出售镭元素的知识赚钱有悖科学精神。他感到内心平静了，当晚就回了信，把镭元素的所有研究成果毫无保留地告诉了美国人。

皮埃尔和玛丽放弃了成为百万富翁的机会，但一点儿也不后悔。他们不会从镭元素的发现中谋利，是科学精神把镭带给了他们和全世界。也许当今社会人们热衷于追名逐利，但他们仍然崇尚这种将知识无偿奉献给人类的科学精神。玛丽和皮埃尔在富有和贫穷之间选择了后者，然后他们骑着自行车，像往常休假一样，到夏天的树林里采摘野花，装扮他们的家。

第十四章
黑暗降临

玛丽和皮埃尔声名远播。法国为他们颁发各种奖章，英国皇家学会也向他们发出邀请。他们从巴黎带了一件礼物送给英国的朋友开尔文勋爵，是装在玻璃瓶中的一点儿珍贵的镭，开尔文像个孩子似的快乐而骄傲地向他的科学界朋友们展示着。皮埃尔将在英国皇家学会进行有关镭的演讲，玛丽成为第一位获准在这个庄严的科学殿堂参加会议的女性。这次演讲盛况空前，英国的著名学者云集于此，皮埃尔向他们讲述了镭元素的神奇能力。这场演讲引起了轰动，整个伦敦都想见见镭元素的"父母"。在特意为他们举办的宴会上，贵族和富人打扮得光彩夺目，他们用惊讶的眼神望着玛丽——这位伟大的女科学家，只穿了一条简单的黑色连衣裙，没戴任何首饰，她那双被酸液腐蚀的手上连结婚戒指都没戴；但这丝毫不影响她的美丽，她身形消瘦，精神焕发，额头光洁饱满，一双灰色的大眼睛透出明亮的光。玛丽端详着那些人身上熠熠生辉的珠宝，她还惊讶地注意到，一向对世俗之物漠不关心的皮埃尔，也全神贯注地看着那些珠宝饰物。

"珠宝很美丽吧？"玛丽对皮埃尔说，"真没想到，它们竟然如此闪耀。"

皮埃尔笑了。"你知道吗？"他说道，"晚宴的时候我无事可做，就玩了个游戏：计算她们佩戴的珠宝加起来能建多少个实验室，最后得出来的数目惊人！"

天呀！居里夫妇确实不同寻常。他们了解会发光的镭，但搞不明白光芒四射的宝石。英国皇家学会授予了他们协会最高奖：戴维奖章，可他们不知道该拿这块金质奖章做什么用。皮埃尔把它当作玩具送给了伊蕾娜，奖章摔不碎、咬不烂，伊蕾娜很喜欢它。

他们也不知道该如何处理名誉、掌声、人群和记者。玛丽对此感到痛苦。

1903年12月10日，诺贝尔物理学奖一半授予亨利·贝克勒尔，另一半授予了居里夫妇，以奖励他们在放射性方面的发现。玛丽是科学界第一位获得这个奖项的女性，但她并不怎么兴奋。她当然喜欢获奖带来的一些实际的好处：比如巴黎大学终于给皮埃尔提供了物理学教授一职，科学界对玛丽的工作很认可，他们有了一笔可观的实验经费等。但玛丽非常讨厌闪光灯和曝光、陌生人的祝贺信、签名请求、摄影师和记者的邀约采访等。"我真想挖个地洞藏起来求得一点儿安静。"她在给家人的信中写道。

玛丽支配这些奖金的方式也体现了她的真诚和人格魅力。她将其中的一部分钱存起来,这样获得的收入可以雇一位实验室助手,皮埃尔也可以辞掉理化自然科学院教书的差事,专心做科研。此外,她给德卢斯基夫妇在波兰建立的疗养院捐赠了一笔钱;给皮埃尔的哥哥和自己的姐姐们买了礼物;又捐了一部分钱给科学协会;资助了一些波兰学生、实验室的助理和赛弗尔学校的一位贫困女孩。随后玛丽又想起了她以前的法语老师:老师出生在法国,但后来定居在波兰,她最大的心愿就是回到出生地法国看看。玛丽写信给她,并附上旅费,热情地邀请她来家里住。那位老夫人被这突如其来的惊喜感动得泪流满面。最后,玛丽还给自己送了一件礼物——她在位于凯勒曼大道的家中装了一间现代化浴室,又给起居室重新贴了壁纸。

但是遗憾的是,平庸的大众不去集资建造实验室,以便让居里夫妇可以更进一步地研究镭,反而过分关注他们的日常生活。玛丽每天一路躲藏才能顺利到家,这浪费了她很多宝贵的时间。报纸上也热衷于刊登居里夫妇家庭生活的小细节,丝毫不顾他们的隐私,不厌其烦地复述伊蕾娜和保姆的谈话,甚至描写屋顶上猫的颜色。玛丽极其反感:"人们想方设法地妨碍我们的工作,我们的生活也被荣誉和名声毁掉了。"她说的是心里话。玛丽一向安静沉默,有许多事要忙,这些人快要把她逼疯了。有一次,居里夫妇应邀去参加总统的晚宴。席间,一位夫人走到玛丽跟前,表示想要带玛丽去觐见希腊国王。"我看不出这有什么必要。"玛丽轻声地答道。那位夫人惊呆了,玛丽这才认出她是卢贝特夫人,总统的妻子,一时很窘迫。"当然……当然,既然您要求,我愿意……"玛丽红着脸结结巴巴地说道。很多人乐于去结识国王，甚至把它当作一种荣耀。但玛丽不同，她厌倦这些。她现在渴望拥有一个假期，能够好好放松一下，她只想做一个平凡的母亲和一个平凡的妻子，不受任何打扰。她希望伊蕾娜的咳嗽快点儿好起来，希望皮埃尔不再受病痛的折磨。从她还是个脑子里只想着跳舞的十六岁波兰姑娘时算起，这二十年间她的生活只有工作，她从来没有像现在这样如此渴望闲下来，渴望忘记自己是著名的居里夫人。她想再次成为玛妮娅，尽情地吃草莓、睡觉、享受无忧无虑的生活。

但皮埃尔一刻不停地忙着，有一大堆工作等着他。他无法理解玛丽此时想休假的心情——这个愿望太孩子气了。皮埃尔说他们必须献身于科学，玛丽顺从了。但是她太累了，身心极度疲惫，她甚至连肚子里即将出生的孩子都不想要了。"可怜的小东西，"她说，"干吗要降生在这个艰难而无聊的世界上呢？"事实上，她的那些仰慕者不停地打扰她，让她丧失了生活的幸福和勇气，这确实很残忍。

然而艾芙的出生还是给她带来很多乐趣，玛丽本来就喜欢孩子，现在她还能顺理成章地享受一个月的产假。艾芙长着黑头发和蓝眼睛，和伊蕾娜的金色头发和绿色眼睛完全不同。艾芙不愿意躺在摇篮里，哭闹着抗议，玛丽不忍心看到她哭，总是把她抱起来轻轻摇晃，直到把她哄睡。

在艾芙出生前，巴黎大学给予玛丽一项特权，即在皮埃尔的实验室工作的权利。其实玛丽一直都在那里工作，但不知怎的，学校突然醒悟，给了她这项任命——任命居里夫人为实验室主任，年薪为两千四百法郎。大家都知道，居里夫妇一直都在一起工作，学校也承认了这一点。他们所有的时间、思想和工作都一起分享，他们是一个不可分割的整体。

1905年6月，皮埃尔和玛丽去了风景迷人的瑞典首都斯德哥尔摩，他们受邀去做关于诺贝尔奖的演讲。皮埃尔对瑞典赞不绝口，这里湖泊海湾众多，陆地较少，他们在这里享受着难得的宁静，享受着这个国家给予他们的恰到好处的礼遇。

玛丽有时也和陌生人交朋友。有一位名为洛伊·富勒的美国舞蹈家，她善于运用奇幻的灯光使舞蹈变得更加绚丽。她写信给玛丽，向她请教如何用镭元素点亮舞裙的蝶形翅膀。她的天真想法让皮埃尔和玛丽觉得好笑，但还是耐心地回信向她解释了镭的特性。洛伊回信道，对此她唯一能表达感激之情的方式，就是去居里夫妇家里为他们跳一支舞。居里夫妇接受了她与众不同的道谢方式。于是，一个长相奇特、有着孩童般蓝眼睛的女孩出现在他们家门口，身后跟着一群带着器材的电工。电工忙活了一整天。到了晚上，居里夫妇家的餐厅变成了一个充满奇异灯光的仙境，洛伊翩翩起舞，时而如火焰摇曳，时而如鲜花盛开，时而变成飞鸟和女巫。

这位年轻的艺术家成了居里夫妇的好朋友，后来她还将两人介绍给了自己的朋

友——伟大的雕塑家罗丹。在罗丹的工作室里,在黏土和大理石中间,这几个分别来自科学、雕塑和舞蹈领域的人坐在一起,彻夜畅谈。

时间到了 1906 年 4 月。在和煦阳光的照射下,紫色和白色相间的紫罗兰热烈地绽放着,散发出一阵阵清香,给谢夫勒斯山谷里的灌木增添了一道亮丽的色彩。玛丽和皮埃尔,正带着伊蕾娜和艾芙在这里度假。晚上,一家人去附近的农场买牛奶;艾芙还走不稳,却硬要在干涸的马车辙中蹒跚走路,逗得大家哈哈大笑。早晨,皮埃尔和玛丽骑着自行车去树林里采摘野花,并去看看他们度蜜月时发现的林间池塘。池塘已经干了,睡莲也没了踪影,泥泞的洼地周围长满了黄色的芦苇,像一顶色彩亮丽的王冠。玛丽和皮埃尔漫步回家,带着从河岸边采回来的紫罗兰和蓝色的长春花。

又一天中午,他们懒洋洋地躺在草地上晒太阳。伊蕾娜挥动着一张绿色的网追蝴蝶,一旦捉住,就开心地大喊大叫。

"玛丽,和你在一起,生活真甜蜜。"皮埃尔轻声低语道。

晚饭后,皮埃尔乘火车回巴黎继续工作,身边带着他们在池塘边收集的一束黄色毛茛。第二天,玛丽带着伊蕾娜和艾芙也回到了巴黎。四月的天说变就变,一下子变得又冷又湿。

1906 年 4 月 19 日,玛丽带孩子回巴黎的第二天——这是一个潮湿的日子,天空昏暗,布满阴云,街道上泥泞湿滑。皮埃尔在城里还有事情要做,玛丽要回家收拾屋子,还要在城里处理一些事。她忙得团团转。六点钟,她终于到家了,她渴望见到皮埃尔,渴望和他像平时一样讨论科研到深夜。

她推开客厅的门,看见三个人站起身来,神情肃穆,仿佛见到女王一般。玛丽从他们的眼中读出了深深的怜悯。她的老师保罗·阿佩尔不得不告诉她,皮埃尔在街上滑倒了,不幸被一辆运货马车碾到了头。

"皮埃尔死了?……死了?真的死了吗?"她喃喃地问道。

艾芙长大后,为母亲写了传记。她告诉我们,从听到皮埃尔去世的那一刻起,玛丽的心就永远笼罩在了深深的孤寂中,从那个悲伤的四月开始,她就成了一个孤独的人。

第十五章
不管发生什么

玛丽拥有非凡的勇气。她一生都在鼓足勇气面对各种磨难，内心越发强大，不会轻易被击垮。再者，她爱过一个伟大的人，皮埃尔曾说过的一句话在她脑海中盘旋，哪怕天崩地裂，她也永远铭记。有一天他们谈到死亡，皮埃尔说道，"不管发生什么，哪怕人变成了没有灵魂的躯壳，也必须继续工作下去。"政府要给玛丽和孩子发放一笔抚恤金，但玛丽断然拒绝了，她说自己还年轻，能挣钱养活自己和孩子。

她找到了一种特别的安慰方式，但这让人更加心疼。她每天写日记，就好像在和皮埃尔对话：

我的皮埃尔，他们要我接替你的职位，继续讲授你的课程，指导你的实验室。我接受了。我不知道这样做对不对。你常常对我说，希望我能在巴黎大学讲课。我愿意努力继续你未竟的工作。有时候，我觉得只有这样我才能活下去，但有时候我又觉得自己像个傻瓜。

1906年5月7日：

我的皮埃尔，我无时无刻不在想你。我满脑子都是你，我已失去了理智。我无法忍受没有你的日子。一想到我再也不能对着我的伴侣微笑，我就心痛。这两天，树木萌发了新叶，花园很美。今天早上，我在花园里看着孩子们。我想，要是你还在，你一定会说她们很可爱，一定会指着盛开的长春花和水仙花让我看……

1906年5月14日：

我想对你说，他们已经任命我为巴黎大学物理学院院长，也就是你之前的职位，居然有些傻瓜为此向我道贺。

玛丽并没有被强烈的悲伤击垮。之前从来没有女性担任过巴黎大学的教授，更别说是学科负责人了。但是在法国，除了玛丽没有人有能力接手皮埃尔的工作，所以这项重任自然而然地落到了玛丽肩上。玛丽决定要好好做教学准备，一定不能辜负皮埃尔的名声。她把孩子们送到乡下，自己则整个夏天都待在巴黎，翻阅皮埃尔留下的笔记，继续研究他的课题。

玛丽想要换一所房子，决定举家搬到皮埃尔长眠的索镇居住。孩子们的祖父居里大夫有点儿担心，如果玛丽搬到一栋小房子里，会不会就不想和他住在一起了。玛丽也有点儿担心，居里大夫会不会因为儿子不在了，就不和她们在一起生活了。居里大夫最终开口说道："玛丽，如今皮埃尔已经不在了，我没有理由和你们住在一起。我可以去和我大儿子一家生活。你来做决定吧。"

"不，由您来决定，"玛丽低声说，"如果您离开了我们，我会很伤心的。不过您有权利选择您喜欢的生活方式。"

"玛丽，我当然愿意和你们一起生活啦！"

玛丽不得不走出家门面对外界的那一天还是来了，大家对她的悲伤都给以柔情和尊重，她也要习惯自己"名人遗孀"的身份。她知道各大报纸要求巴黎大学改变规则，允许她在半圆形的大讲堂里授课，这样成千上万的人就可以听到巴黎大学第一位女教授的课。但玛丽可能很欣慰巴黎大学是世界上最保守的地方之一，是不会轻易改变学校规定的。玛丽听说那些渴望来听课的人正在热烈讨论她会讲什么内容，她会如何评价她的丈夫，因为每一任新的学科负责人按照惯例都要称赞一下上一任。而且按照传统，她还要向部长和学校致谢。首次登台授课那天，人们就像等候捕食的鸟儿，期待着玛丽感人至深的讲话，甚至预测会看到她情绪失控的样子。这是间小阶梯教室，人们如潮水般涌了进来，推挤着那些真正听课的学生，甚至把他们从座位上挤了出去。

玛丽在雷鸣般的掌声中快步走到讲台上。全场一片肃静，她站在皮埃尔生前站过的地方，开口讲道："回顾过去十年物理学上取得的成就，我们不能不为电学和物质研究方面的进步感到讶异……"

观众惊住了，这完全出乎所有人的意料。他们本来期待看到一场动人的表演，却发现眼前这个女士，她根本不是在表演，她是如此真正纯粹，她一心想的全是工作，而非个人。他们被深深打动，任凭泪水涌出眼眶。玛丽讲到电学结构、原子裂变和放射性物质等方面的新理论，在课堂接近尾声时，她对所讲内容进了简短的总结，然后像到来时一样，快速地离开了教室。

如果说玛丽之前的生活艰苦，那未来就更难了，因为没有了皮埃尔和她一起分担。她必须考虑如何教育孩子，同时，还要兼顾实验室里的研究工作和在巴黎大学的授课。她还需要照顾家里，要打理花园。而且她还有一件特别的事情要做，她要想尽一切办法创建一座以皮埃尔名字命名的实验室，这是他生前梦寐以求的事，她要帮他实现。

在索镇的新家里，伊蕾娜和艾芙在祖父居里大夫的陪伴下快乐玩耍。他教伊蕾娜自然历史、植物学和诗歌，还帮她在花园里开辟出一块空地，种上色彩鲜艳的花；而艾芙就在一旁的草地上逗乌龟或者追着小黑猫和小花猫玩。

玛丽每天早上步履匆匆地赶往火车站，搭乘去往巴黎的火车，而晚上直到灯火通明时才到家。孩子们几乎每天都很少见到她，但孩子们的学习计划都由玛丽来提前制订。每天早上，她们要先学习一个小时。伊蕾娜对数学产生了浓厚的兴趣，而艾芙喜欢音乐。随后不管天气如何，两个孩子都要出去散步，然后去体育馆做喜欢的活动。回到家，她们会学习烹饪，或搭建模型、做手工、学园艺。每逢周末或节假日，玛丽都会带她们出去骑行或游泳。玛丽希望锻炼孩子们的胆量，所以两个孩子从小就不害怕黑暗、意外、攀爬、骑马等，对一切都表现得无所畏惧。玛丽教孩子们波兰语，让她们了解并热爱她的祖国，但她更希望她们能做勇敢坚强、浪漫热情的法国人。因为玛丽不想让她们饱受自己曾经经历的痛苦,一生一直被两个国家拉扯。不过,对孩子的教育也有些欠缺,玛丽没有在待人接物和在舞会上展现个人才艺这两个方面训练过她们,因为她们在索镇很少有和陌生人打交道的机会。

玛丽不希望孩子们过度劳累,法国学校的上课时间很长,有时上六个小时的课,还要再做三个小时的家庭作业。

玛丽和她的大学朋友讨论过这个事情,他们决定让孩子们休学,每人负责一门课程,亲自教他们。这是一个天才的想法。这些幸运的孩子一天只上一节课,由巴黎最伟大的科学家授课。第一天早上,他们要去

巴黎大学的实验室，让·佩兰[1]在那里教他们化学。"巴黎大学虽然还未爆炸，"报纸上写道，"不过爆炸的隐患并未消除。"第二天，这群孩子去了乡下，由保罗·朗之万[2]教授数学。第三天，他们跟着雕塑家玛格洛学习造型。再一天是文学教授讲授文学。周四下午到物理学院，由居里夫人教他们最基础的物理知识。幸运的小家伙们！

在严肃的实验室里，玛丽把枯燥抽象的知识讲得生动有趣，他们将自行车轴承滚珠蘸上墨水放在倾斜的白板上，观察自由落体形成的抛物线。有时，玛丽也给他们讲一些简单的知识，比如，"要让容器里的液体保持温度，应该怎么做"。

"用羊毛料子裹起来。"一名学生答道。

"将容器隔绝空气。"另一名学生说道。

"我嘛，"玛丽笑着说，"会先给容器盖上盖子。"

然而遗憾的是，孩子们的父母工作太忙，无法一直抽时间给他们上课。这种快乐的合作授课结束了，伊蕾娜和艾芙回到了学校，不过学校上课的

---

[1] 让·佩兰，法国物理学家，用实验证实了原子的存在，并获得1926年诺贝尔物理学奖。
[2] 保罗·朗之万，法国物理学家，提出了朗之万动力学理论和朗之万方程式。

时间比较少,这是玛丽特意为她们选的学校。孩子们后来回忆说,早期的教育教会了她们热爱工作、不热衷于钱财,以及独立自主,不依靠他人也能克服很多困难。

在实验室里,玛丽取得了诸多成就,其中一项成就非常伟大。她和安德鲁·德比恩合作,成功分离出纯粹的镭金属。在此之前,她提炼出的"纯镭"都是镭盐。不过,他们只成功了这一次,后来也再没有人成功过。

1911年,玛丽获得诺贝尔化学奖。在此之前,从来没有人能两次荣获诺贝尔奖。

大家肯定会理所当然地认为,全世界都会以这位女科学家为傲,温柔地对待她。但是可悲的是,有些人在听到别人的成功或目睹他人的美丽时,忌妒心便开始作祟,这是一种扭曲的病态心理。玛丽既美丽又非常成功,于是开始有人给她寄匿名信,编造有关她的谣言,指责她的错误,这是她做梦也想不到的。她的朋友们试图保护她,但躲在暗处的坏人防不胜防。朋友们觉得最好的保护就是让科学院给予她院士的头衔,而且这是她应得的。但之前这个头衔从来没有授予过女性,那些搬弄是非者又开始不遗余力地阻碍院士选举。他们甚至将一张假选票塞到一位几乎双目失明的院士手中,他十分支持玛丽进科学院,这险些让他投成了反对票。但玛丽最终还是以一票之差落选,被科学院无情地拒之门外。

玛丽对这些诽谤很愤怒。有一段时间,她不得不借用她姐姐的名字来躲开她的敌人。她一向光明磊落,但她的攻击者却躲在暗处,这让她无法反击。这件事几乎摧毁了她的勇气，把她推入痛苦和疾病的深渊。医生建议做手术让她免于痛苦，但她要求把手术时间推迟，直到她参加完下一次的物理学大会。她的勇气尚在，她没有被敌人打倒。

在生病期间，她还做了一个重大决定。她太累了，不愿意思考太多，但波兰决定在华沙创立一个放射性实验室，邀请她回国担任该实验室的负责人。她多么想接受啊！多么激动人心的邀请啊！她被告知波兰需要她，她的国家还处在最困难的时刻，需要一些东西让它重新振作。

很早之前，玛丽就做过决定，尽管她十分热爱祖国波兰，但她更爱皮埃尔·居里。现在，她仍然深爱着他，皮埃尔和波兰仍在往两个相反的方向拉扯着她。如果玛丽选择回到祖国波兰，那么她不得不放弃建设皮埃尔渴望的实验室。如果她这时候离开法国，皮埃尔的梦想肯定就落空了。玛丽无奈，只能忍痛拒绝了波兰。

不过，玛丽答应对这个新实验室提供远程指导，并出席落成典礼。在这次访问波兰期间，发生了许多令人振奋的事情。第一，她用波兰语做了科学演讲，这是她生平第一次用自己祖国的语言进行科学演讲。第二，她参加了在工农业博物馆举行的一个仪式，这是她第一次进行物理实验的地方。第三，在波兰妇女为她举办的宴会上，她见到了她最初接受教育的寄宿学校的校长。玛丽急忙穿过人群走到老人面前，俯身亲吻老人的脸颊。老校长看到自己的学生成了著名的科学家，开心不已！

玛丽有了一个假期。她打算背着帆布背包到瑞士漫步，教伊蕾娜和艾芙攀登高山，带她们欣赏峡谷的美景。

一起去的还有一位朋友,他和玛丽不停地探讨着物理学问题,孩子们不得不一直看着他,以免他掉到峡谷里。孩子们听到他那些奇奇怪怪的话,笑个不停,把峡谷忘在了脑后。

"您看,夫人,"他说道,"我需要知道的是:电梯坠落时,乘客究竟会发生什么事情?"这个问题对伊蕾娜和艾芙来说很容易回答,而且很有趣。她们根本没有想到自己听到的其实是高深的"相对论",这位看似粗心的朋友不是别人,正是伟大的物理学家爱因斯坦。

当时,玛丽的心情有所好转,因为皮埃尔·居里大街上的皮埃尔镭研究所的围墙已经开始修建了。两年前,巴斯德研究院的院长罗博士提议,要筹钱给居里夫人建一间实验室。这让巴黎大学突然醒悟过来,巴斯德研究院很可能会从他们手中把居里夫人"抢"走。为了避免这样的损失,双方最后达成一致,共同投资建设镭研究所。

玛丽又快乐起来了。她参与镭研究所的建设计划,同建筑师探讨房间布局和窗户的形状,要求采用大窗户,保证好的采光。她还关心实验室的绿化,还没有开建时,她就种好了树和蔷薇花,等实验室建成时可以为它添彩。

1914年7月,实验室终于建成了,玛丽望着门前石柱上刻着的"镭研究所——居里楼",她告诉我们,她不由得想起巴斯德说过的话:

如果造福人类的种种发明打动了你……如果你希望自己的国家未来能在这些伟大发现中做出成绩,我恳求你关注这些被称作实验室的神圣建筑吧，并在这里潜心工作。让实验室不断增多吧，这样能创造出伟大的奇迹。它们是未来的殿堂，是财富和福祉的神庙。人类就是在这里，才变得更加优秀、伟大。人类在实验室里研究造物主的杰作，它们往往是自然的、进步的与和谐的。而人类自己的作品，往往是野蛮的、疯狂的，具有毁灭性的。

1914年7月，居里夫人在观看皮埃尔·居里大街上已建成的镭研究所时，想起了巴斯德。实验室已经建好了，但玛丽必须再等待四年。在整整四年的战争后，她才能看到镭研究所正式投入使用，看到皮埃尔的梦想成真。

第十六章

战 争

1914 年 8 月 1 日

亲爱的伊蕾娜，亲爱的艾芙：

情况越来越糟。我们随时都在等待动员令——我不知道能不能撤离。不要慌，要镇定，要勇敢。如果战争没有爆发，我星期一就和你们会合；如果战争爆发了，我就留在这里，尽快派人去接你们。伊蕾娜，我俩都要发挥自己的作用。

1914 年 8 月 2 日

战争动员已经开始，德国人在没有宣战的情况下就打进了法国。可能接下来的一段时间内，我们无法通信了。

巴黎还很平静，人民所表现出的镇定令人印象深刻。不过街上到处都能看到上前线的人与家人离别的不舍和伤心……

1914 年 8 月 6 日

勇敢的比利时不会不抵抗就屈服于德国军队的。法国人都充满希望，认为这场战争虽然艰辛，但最终一定会取得胜利。

波兰已被德国占领。经过这场战争后，波兰还能剩下些什么？我已经得不到家里人的任何消息了。

玛丽给远在布列塔尼的女儿们写信道。

此刻独自留在巴黎的玛丽极其孤独。她的同事们都去参战了，只剩一名因心脏病无法参军的机械师。玛丽病了，身体虚弱，但她全然顾及不到这一点，她预料不到这场战争会给她的研究工作带来怎样的灾难。玛丽没有像许许多多勇敢的法国女子一样去当护士。和往常一样，她脑子飞快地转着，思考着她的工作能为战争做些什么。她发现了一个空白，前线和后方医院都没有 X 光检查设备。没有这样的设备，医生怎么才能立刻发现伤员身体里的子弹或炮弹碎片，确定其准确的位置呢？玛丽的研究工作和 X 射线没有任何交集，她只是对它感兴趣，讲过几堂关于 X 射线的课。不过这都不重要，眼下最紧急的是，必须马上建立大量 X 射线检查站。玛丽只花了几个小时，就把巴黎所有可以用的 X 光设备列了出来，并分发给各大医院。然后她招募了会使用 X 射线的科学家做志愿者，到各个医院指导使用方法。

但如何帮助从前线送来的大量伤员呢？成千上万的伤员从前线被送回战地医院，而这里什么设备都没有。玛丽一点儿也不敢犹豫。时间就是一切。她用法国妇女联盟提供的资金，制造了第一辆"放射车"。这是一辆由普通汽车改装成的，在里面装上 X 射线设备，由发动机提供所需

电力。在贫穷破败但风景美丽的马恩河乡村，放射车在各战地医院巡回工作，让在马恩河战役中受伤的战士得到快速检查，从而安全地进行手术。如果没有放射车，很多人会因为得不到合适的救治而死去。

但在马恩河战役之前，德军在离巴黎只有几英里[①]的地方作战。他们会冲破防线吗？他们会攻占巴黎吗？玛丽该怎么办？她的孩子还独自待在布列塔尼。她要去和她们团聚吗？医疗队撤离巴黎，她该和他们一起走吗？不！无论发生什么，她都要留在巴黎。因为，正如她所说："如果我留在皮埃尔·居里实验室，也许德国军队就不敢抢劫这里；如果没有人守着，他们肯定会把这里洗劫一空。"玛丽固执而顽强，她最痛恨临阵脱逃的行为，深知恐惧只能助长敌人的威风。不管怎样，她都不会让敌人得意扬扬地占领无人看守的皮埃尔·居里实验室。但是，就算玛丽不打算撤离巴黎，她那一克珍贵的镭也必须运出去，她决定亲自把它运走。

她穿上黑色驼绒风衣，收拾好行李，提着小巧但很重的铅箱，搭乘火车前往波尔多。车里十分拥挤，她挤在木凳上，脚边搁着装有镭的铅箱，凝视着窗外在九月的阳光照耀下的田野，铁路两边的道路上是络绎不绝的汽车，正在向西逃难。

在波尔多的海岸旁，玛丽站在车站广场上，一小时又一小时地焦急等待着前来接她的人。装有镭的铅箱还在她脚边放着，这个箱子太重了，她无法独自一人搬走。车站没有搬运工，没有出租车，也没有休息室。

---

① 英里，英美制长度单位，1 英里 =1609.34 米。

她苦笑了一下，难道她必须整夜地站在这里等吗？最后，一位同行的政府工作人员向她伸出了援手，他先帮忙找了一间可以休息的房间，随后玛丽将镭安全地送到了银行保管。

昨天来时，她还是一位毫不起眼的旅客，夹杂在一大群逃亡的人中，但到了今天早上要回巴黎时，一群人聚集在一起盯着她看，讨论着这个怪现象，"那个女人竟然要回到那里去！"这位重返巴黎的女人平静地告诉他们"那里"没有危险，巴黎不会沦陷，它的居民不会遭受危险。玛丽搭乘了一列运兵的火车返回巴黎，这列火车慢得要命，走走停停，一停就是几个小时，让人心急如焚。玛丽此时饿坏了，从前一天晚上起，她就没有吃过东西了。饥饿让她面色苍白，险些晕倒。这时，一位友善的士兵从背包中掏出一片面包递给他，她感激地接受了。当她到达正处在战火威胁之中的巴黎时，一个激动人心的好消息传来：敌军被挡在了马恩河外。

玛丽顾不上休息，急匆匆地赶往国家救助协会总部，想看看自己还能做些什么。

"休息一下吧，夫人！"协会主席阿佩尔说道，"躺下好好休息一会儿。"可她不听，继续讨论接下来的工作。"她脸色苍白，眼睛瞪得大大的，"阿佩尔后来描述说，"像要喷出火来。"

然后，玛丽改装了更多放射车，大家亲昵地把这些车称作"小居里"。对法国士兵来说，玛丽就是放射车之母。当他们受伤后从前线回来时，这些汽车很快就会来迎接他们。玛丽改装好一辆辆放射车，缠住极不情愿的政府官员争取所需的物资。这位曾经腼腆胆小的女性，现在为了她的放射车据理力争，毫不退却。她想方设法从这个人手里拿到"通行证"，从另一个人手里拿到"通行口谕"，从富人那里获得捐款，还有好心人捐赠的汽车。得到汽车后，玛丽立刻把它们改装成放射诊疗车，开玩笑似的对他们说道："我会归还给你们，如果战争结束后这些车还能用的话，我肯定会还的。"

玛丽找了一辆雷诺车，改装后自用，车比一般轿车要大，像货车一样。她跟着这辆车开始四处奔波。

巴黎家里的电话铃突然响起来，一批伤员正等着放射诊断设备，玛丽立马让司机开车过去。玛丽将车身漆成了灰色，上面画着大大的红十字标志。她仔细检查了车上的设备，然后穿上黑色外套，胳膊上别着红十字臂章，戴上已经褪色、不成形状的帽子，拿上她那已经泛黄、皮面剥落的旧包，爬上司机旁边的座位。然后，这辆破旧的汽车全速出发，去往战事吃紧的地方——亚眠、伊普尔、凡尔登。无论是白天黑夜还是刮风下雨，他们都会义无反顾地奔去。

经过哨卡，哨兵们将他们拦下盘问，然后放行。雷诺车到了医院，玛丽立马投入工作。她找了一个房间当作放射检查室，迅速把设备搬进去组装好，其他人帮忙把电缆连接好，准备启动车载发电机。接着，司机启动发电机，玛丽测量了电流强度。做检查前，玛丽把防护手套、眼镜、做记号用的特制铅笔和确定子弹位置的铅标等工具都放在合适的位置上。接着，她把房间光线调暗，如果有窗帘的话就拉上窗帘，如果没有就用毯子之类的遮住窗户。与此同时，旁边的房间也改成了暗室，用来冲洗 X 光片。

在玛丽赶到后的半个小时内，一切工作都准备就绪了，外科医生也来了。随后伤员们一个接一个被抬进来，躺在放射诊疗台上。玛丽调整好仪器，这样医生就可以清楚地看清伤员的骨骼和器官受伤情况。

身边的助手会根据外科医生的口述记下影片上的弹片位置，为后面的手术做准备。有时医生就看着影片实施手术——他们一边看着透视屏，一边用手术钳插入伤口，避开骨骼，夹出弹片。

时间悄悄溜走，有时要一连工作好几天。只要有伤员，玛丽就一直待在暗室里。离开战地医院之前，她开始计划要在这里建立一个永久性的 X 光手术室。用不了几天，她就又出现在战地医院，带着四处周旋弄来的设备和一个会使用 X 光设备的人，谁也不知道这都是她从哪儿找到的。

就这样，除了那二十辆 X 射线检查车，玛丽还独自一人在各个战地医院建立起二百个放射检查室，这些设备检查过的伤员超过了一百万人。这对一位女性来说，实在了不起！

但我们不必羡慕她，她总是坐在雷诺车的副驾驶上，不管天气多么恶劣。有时，她独自开车，要奋力地用摇把把汽车发动。如果路面平坦，没有各种路障，玛丽就很开心。在战争年代那严寒的天气里，玛丽那双被镭灼伤的纤细双手要给沉重的汽车换轮胎，或者皱着眉头清理肮脏的汽缸，像之前做科学实验时一样认真。有时，她还得干搬运工的活儿，抬起沉重的箱子，因为男人们都去了前线打仗。

有一次，她生气了！司机转弯太快，把车子翻进了沟里，玛丽被压在所有松散的箱子下面。玛丽并不是在意自己受了伤，而是一想到精密的仪器有可能被摔坏，她就十分恼火。那个年轻司机吓坏了，他绕着车子一圈圈地找她，着急地喊着："夫人，你还好吗？夫人，你还活着吗？"玛丽听了怒火消了不少，忍不住笑出声来。

玛丽有时会忘记吃早饭或晚饭。她随便在哪里都能睡着，有床就睡在床上，没床的话就睡在星空下。她年轻时就过惯了苦日子，所以这一切她都能坦然接受，何况这是战争年代，她早把自己当成了一名战士。

但救治伤员并不是玛丽的全部工作。一有时间，她就会将旧实验室里的设备一点点搬到皮埃尔·居里路上的那间新实验室里。她把仪器一一摆好，慢慢地新实验室就装备完成了。她去了一趟波尔多，把存放在那里的镭取了回来。她每周还要在实验室里收集镭元素的放射性物质，装在试管里，然后送往医院。

随着X射线应用的场景越来越多，放射设备的操作技师也越来越短缺。玛丽就在镭研究所里给人们上课进行培训。有些学生理解能力差、反应较慢，但玛丽极富耐心且善解人意，她帮助他们、鼓励他们，直到他们能够完全胜任这份工作。在这次教学过程中，她还得到了女儿伊蕾娜的协助。伊蕾娜十七岁了，当时还在巴黎大学学习放射学，但玛丽不认为孩子年龄小就不能去战地医院工作。

两年时间，玛丽共培养了一百五十名放射科操作技师。

不过这一切似乎还不够，玛丽又走访了比利时的很多医院。在医院里，那些打扮时髦的护士有时会把眼前这位穿着破旧的女士当作清洁工，对她呼来喝去。不过玛丽并不放在心上，因为她曾经在霍赫斯塔德医院与一位护士和一名士兵并肩作战过，他们是比利时国王艾伯特和王后伊丽莎白。国王和王后态度热忱，对伤员关心有加，一想起他们玛丽就充满干劲。玛丽没有了之前的矜持和腼腆，她对伤员和蔼热情，常常鼓励他们，给他们信心。她温柔地安抚那些看见射线设备就害怕的村民，告诉他们这些看起来奇怪的仪器就像普通的照相机一样，并不会伤害他们。在这些助人的时刻，玛丽找回了快乐。

她从不提自己受了什么苦，也从不说身体上的疲惫，更不说战争中

经历的危险。她每天做着手头上的工作，就好像这就是最理所当然的事。

但她特别渴望和平降临，渴望这场疯狂的战争早日终结。1918年11月11日，对玛丽和整个世界来说，是最值得庆祝的一天，停战的礼炮声震耳欲聋，让身在实验室的她兴奋不已。她和助手克莱恩跑到附近的商店去买法国国旗，想要装饰研究所，参与到这场全国的狂欢中来。但商店里的国旗早就卖光了，她们最后只好买回来三种颜色的布料，自己缝制了一面国旗。玛丽开着那辆破旧不堪的雷诺车，加入了狂欢的人群。很快，车顶上多了好几个额外的乘客，大家一起欢呼庆祝，沉浸在巨大的喜悦中。

谁能猜到接下来会有什么好事发生呢？

对玛丽来说，不仅法国摆脱了残酷的战争，她的祖国波兰也获得了自由。波兰最终得到解放，重新成为一个独立的国家。她在给哥哥的信中写道：

我们这些在奴役下出生、戴着枷锁长大的人，终于见证了祖国重获新生。

第十七章
回家

玛丽又回到了塞纳河畔的老式公寓里。塞纳河流经巴黎，将后者分割成两个岛屿：一个是船形的西岱岛，巴黎城区的发源地，坐落着巴黎圣母院等举世闻名的建筑；另一个是圣路易岛，它也同样古老，但更显安静。玛丽的公寓就在圣路易岛的白求恩码头上。两个世纪前，在白求恩街上居住的都是公爵和贵族绅士。玛丽的公寓建在一片地势较高的空旷地面上，房间开阔宽敞，有许多走廊和楼梯。玛丽这辈子也没有学会如何享乐，房间光洁的地板上只立着几件孤零零的桃木家具。玛丽和伊蕾娜都没有留意到空旷的房间冻得人浑身发抖，只有艾芙拿出自己的零花钱把房间布置得温馨舒适。不过，家中有一个房间装饰得典雅别致，那就是玛丽的书房，里面摆放着书架，挂着皮埃尔的肖像，还有鲜花。所有的房间都很敞亮，窗户高大，没有装窗帘，窗外如画般的景致尽收眼底：阳光下的塞纳河闪着金子般的光芒，游船如织，五颜六色的重型驳船航行在河面上，远处的巴黎圣母院影影绰绰。

玛丽当初来这里，就是因为喜欢这座小岛的幽静安宁，但事实上，家里常常喧闹不已。伊蕾娜弹钢琴的声音，猫咪在走廊里发出的喵喵声，门铃和电话铃会突然丁零零地响起，还会时不时从河上传来轮船的汽笛声。

每天早上八点钟，玛丽那匆忙而急促的脚步声都会准时在屋内响起，提醒着伊蕾娜和艾芙：忙碌的一天又开始了。在随后的十六年里，每一天都是如此。八点四十五分，外面传来三声喇叭声，来接玛丽的汽车已在门外等着了。她急忙抓起帽子和外套跑下楼，因为她从来不会让司机等待的时间超过三分钟。刚开始的时候，她让研究所的一位男士给她开车，后来找到了一名专职司机，那位男士为不能再给居里夫人开车而伤心地哭泣。他们驾车穿过图内尔桥，经过繁忙的码头，来到拉丁区。这个地方早先住着很多年轻欢快的学生，如今矗立着各大研究院。

玛丽站在皮埃尔·居里街的镭研究所门口。此刻，大厅里挤满了人。每天早上大厅里都会有一大群来自各个院系的学生，在玛丽开始工作前等她，以免占用她宝贵的研究时间。他们要么有问题想向她请教，要么来给她看自己的实验结果，要么期待着玛丽能帮他们解决一个难题。玛丽也常常不辜负大家的期望，"哦，这位先生，你提出的方法行不通，我想到了另一个方法……"玛丽耐心地解答他们提出的每一个问题。人还在不断地涌进来，每个人都带着想问的问题。玛丽对问题本身的难度并不在意，只是这些学生用各种不流利的法语或英语提问，这增加了回答的难度。镭研究所就像一座巴别塔①，这里汇集了东西方各种语言。玛丽曾经用英语与一名中国学生交流，这位学生非常有礼貌，听到玛丽讲得不对的地方，也不会直接点明，而是提出问题让玛丽去思考，找到矛盾的地方。玛丽说，这位同学让他印象深刻，"他们真的比我们更懂礼仪。"

大厅的答疑解惑一旦开始似乎就没完没了，不过玛丽已经适应了。大厅里没有凳子，他们就坐在楼梯台阶上。每当她蹲坐在最低的台阶处，身边都围绕着求知若渴的学生，多么动人的画面啊。她是实验室主任，利用精通的五门语言，阅读所有与镭相关的书籍，而且仍在孜孜不倦地研发新技术。她就像拥有超能力一样，她的学生对她的指导心悦诚服。她果断勇敢又不乏谨慎明智，人们都信赖她。

学生一个接一个地回去做实验了。有时，也会有学生带着玛丽去看自己的实验。忙完这些，她终于有了一些属于自己的时间，可以去实验室继续自己的科学研究。

中午她回家吃午饭，在餐桌上仍与伊蕾娜讨论科学问题。艾芙有时会感到困惑。妈妈和姐姐一直在说什么"质数BB""平方BB"，在法语中"BB"的发音和"宝宝"相似。艾芙纳闷质数宝宝和平方宝宝到底是什么样的宝宝。

1926年，伊蕾娜和一位名叫约里奥的才华横溢的年轻科学家结婚了，就剩艾芙陪伴在玛丽身边。

---

① 巴别塔，西方传说中人们建造的能通往天堂的高塔。

"亲爱的，和我说说，"玛丽对艾芙说道，"最近有什么新闻啊？"艾芙有什么话都会和玛丽说，玛丽对一切都很感兴趣，尤其是那些孩子气十足的趣事。她喜欢听艾芙说开快车的事，或者伊蕾娜的孩子又会说了什么话，或者人们对新法西斯主义分子的看法。

玛丽也喜欢和艾芙讨论政治。如果听到有人称赞独裁者的话，玛丽会说："我从小在独裁制度的压迫下长大，你们没有经历过。你们不知道生活在自由的国家是多么幸福。"如果有人支持暴力革命，玛丽会同样反驳："你们可以说把拉瓦锡①送上断头台有道理，但你们永远也说服不了我。"

午饭后，汽车又过来接玛丽，有时会带她去花市买她喜欢的可以种在花园里的花，因为她从不喜欢温室里培育出的娇弱的花朵。有时，她会去卢森堡花园里与一位非常重要的客人见面，那就是她的外孙女海伦娜。她会坐下来陪她一起玩沙子，直到下午要去参加医学院的会议。参会者中，玛丽是唯一一位女性，她紧挨着她的好友鲁博士坐着，鲁博士是巴斯德最忠诚的学生。

会议结束后，玛丽回到实验室继续工作到晚饭时间，如果实验需要就会一直工作到凌晨两点。

研究室的安静有时也会被茶话会这样的活动打破，比如庆祝某个学生取得了博士学位。活动通常都是以玛丽的致辞结束，比如对新晋博士

---

① 拉瓦锡，18世纪化学革命的核心人物，被后世尊称为"现代化学之父"。

的祝贺。这其中有两次具有特殊的意义，那就是庆祝伊蕾娜和她的丈夫弗雷德里克·约里奥获得博士学位。1934年，这对夫妇又取得了一个辉煌的成就，他们发现了人造放射性元素，这也成了提取镭的新来源。科学家们看到了希望，总有一天可以制作出具有镭特性的物质。这将是多么美妙的事啊！因为在镭研究所花园的对面，科学家们正研究如何利用镭元素治疗癌症，这种方法被称为居里疗法[①]。这些都需要镭元素，但天然的镭元素非常稀少。

不断地有信寄过来。想想名人会收到多少信！幸运的是，玛丽有一名聪慧的秘书帮她拆信——有直接索要签名的，当然不会如愿；有上来问愚蠢问题的；有广告商的来信；也有绝望的求助者。一大堆来信中只有一两封真正需要回复。

玛丽还有课要上。每周的星期一和星期三，玛丽一起床就紧张不安，因为她不得不站在阶梯教室里，面对二三十个学生讲课。

现在，玛丽面临着失明的危险。医生说，要等两三年才能进行手术治疗，因此在手术之前玛丽不得不忍受近乎失明的痛苦。医生们可能没有想过这对玛丽意味着什么，玛丽最担心工作受到影响，同时也不喜欢他人的同情。不管发生什么，她都不愿意告诉别人她眼睛的情况。艾芙以卡雷夫人的名义到眼镜店给玛丽配眼镜。如果有学生的论文需要她批改，玛丽就巧妙地用提问的方式了解论文的内容。她想出无数的方法来

[①] 居里疗法，又称"镭疗"。利用放射线杀死或破坏癌细胞来达到治疗效果。

掩饰眼睛的毛病,那些隐隐猜出实情的人也假装没有看出来。他们真是太善良了!在做了四次手术后,玛丽开始训练眼睛,让视力逐步恢复。虽然视力大不如前,但玛丽并没有灰心,后来她借助眼镜几乎恢复到了正常的视力。

再说回玛丽的日常生活吧。

如果艾芙吃完饭后要外出，玛丽就会躺在沙发上，看正在换衣服的女儿：

"这鞋跟太可怕了，艾芙！我不明白女人为什么要走在这种高跷上。"

"这又是什么新时尚，后背露这么多……不过，裙子还是挺漂亮的。转过来，让我好好看看。"玛丽惊讶地看着女儿，"我不反对化妆，你也常常化妆。古埃及的女人还发明过更糟糕的东西。我只能告诉你一点：你这样打扮不好看。眉毛画得不好，嘴唇也涂得不像话。"

"但是，妈妈，我真的觉得我这样更漂亮了！"

"更漂亮？听着，我明天早晨要赶在你还没有化妆前到床边吻你。"

艾芙离开后，玛丽躺在躺椅上，读读诗歌，或者翻几页喜欢的小说，但不会超过一个小时。书房就是她的小天地——她四周堆着各种物理资料，常常忙碌到深夜。

艾芙到家时，看到母亲正专注地工作，连她回来都没有发现。玛丽正眉头紧锁，聚精会神地计算着物理问题，低声念着那些符号，和她多年前在波兰上课时一样。

第十八章
美国之行

1920年5月，天气很热，巴黎的栗子花开得正好。玛丽像往常一样工作，但马上会有一件事打断她的工作。这件事完全出乎玛丽的意料，令她惊讶不已。

玛丽从未接见过记者，更别说女记者了。她讨厌接受采访和各种宣传。面对想要采访她的陌生人，她打印了这样一些语气委婉却坚决的纸条："居里夫人很遗憾……"

但这位来自美国的女记者还是想出了一种令人无法抗拒的方式向玛丽发出邀请，她就是梅洛尼夫人。她在给玛丽的信中写道："我的父亲是名医生，他过去常说，不能夸大人类的重要性。但夫人，二十年来您在我心中的形象一直很伟大，我想见您，哪怕几分钟也好。"玛丽被她的诚恳打动，一反常态地回复："好的。"

于是，在五月的某个早晨，梅洛尼坐在镭研究所的会客室里静静地等着。她后来回忆说：

门开了，一位身穿黑色棉布裙的妇人走了进来。她面色苍白、有点儿羞怯。她温柔、耐心、美丽的脸庞上带着一种学者式的超然。我突然觉得自己是一个冒昧的闯入者，我变得比她更羞怯。二十多年来，我一直是名训练有素的记者，可是面对这样一个身穿黑色棉布裙，没有丝毫防备之心的女士，我一个问题也问不出来了。

后来，玛丽为了舒缓她的紧张情绪，主动谈起了美国和镭元素。玛丽告诉她说自己了解到美国有五十克镭，且清楚地知道它们分别在哪些城市。

"那法国有多少克呢？"梅洛尼夫人问道。

"我的实验室差不多有一克。"

"您只有一克？"

"我？这一克可不是我的，它属于实验室。"

随后，梅洛尼夫人谈到专利的问题。她想着这些专利费肯定能让玛丽变成百万富翁。

"镭不是让人用来发财的。"玛丽平静地说，"镭是一种元素，它属于全人类。"

梅洛尼夫人当时一定觉得凭借玛丽为人类做出的伟大贡献，全世界都应回报她。她突然问道："如果世界上的东西任您挑选，您会选择什么呢？"

玛丽思索了片刻，回答道："我想要一克镭，这样就能继续我的研究。

但我买不起，镭元素对我来说太贵了。"

梅洛尼夫人当即决定让美国有关机构赠予居里夫人一克镭。她回国后，试图说服十位富有的女士每人捐三千英镑，但最后只有三位愿意慷慨解囊。她又想到，不如让所有美国女性都参与到捐赠中来，让玛丽得到这份礼物。不到一年，她写信给玛丽："钱已经筹够了，您很快就能获得那克镭元素。"

整个美国都为这项活动兴奋不已。很快，所有美国女性都听说了"居里夫人镭基金"，每个人都想见见居里夫人。然而玛丽不习惯当众讲话。她不想去，但又不想辜负大家送的这份珍贵的礼物。她还是犹豫，又找了新的理由：不想离开自己的女儿。但这并没有让热情好客的美国人民退却，相反，他们邀请玛丽的女儿一同前来，并告诉玛丽，这克镭将由美国总统亲手赠送给她。

玛丽被他们的诚意打动了，于是和伊蕾娜、艾芙打包好行李，登上了奥林匹克号游轮，前往美国。出发前，法国在歌剧院为玛丽举行了盛大的欢送会，著名演员莎拉·伯恩哈特和吉瑞斯都参与了演出。旅行途中，一直阴郁黑暗、波涛汹涌的大西洋显得不怎么友好，玛丽开始想念家乡的阳光和煦的蔚蓝色大海。

奥林匹克号停靠在岸边，玛丽在和她们同行的梅洛尼夫人的陪同下走出船舱，受到了美国式的热烈欢迎，只有真正经历过的人才能感受到其中的澎湃感情。人们已经在这里等了五个多小时，为了迎接这位被誉为"人类的恩人"的女科学家。正值夏季，湛蓝的天空下，耸立着一座座摩天大楼。码头上飘扬着鲜艳的波兰国旗、法国国旗和美国国旗。女学生、女童子军和三百名波兰裔女性组成的代表团,手中挥舞着红白玫瑰迎接她们。玛丽像一个听话的小学生一样,坐在甲板的一把扶手椅上,梅洛尼夫人帮她拿着帽子和手提包,把她送到镜头前。"居里夫人,请向右转头。""请再往这边来一点儿……"

美国人热情似火的欢迎,就是要让全世界明白,科学家是伟大的。他们被玛丽献身科学的精神、对名利的淡泊,以及为人类服务的愿望而深深打动。

他们用各种方式来表达对玛丽的欢迎。美国各地的人都想见玛丽一面,丝毫没有想到自己的国家幅员辽阔,从一个地方到另一个地方需要花费不少时间。他们为玛丽举行了有五百人参加的盛大宴会,庆祝到很晚。他们还授予了玛丽各种荣誉头衔,而忘了玛丽在自己的国家从不接受各种嘉奖。在应邀去参加几所大学的毕业典礼时,他们对玛丽竟然没有穿戴教授的长袍和帽子感到惊讶。他们献上了专门为玛丽培育的鲜花,却忘了她最喜欢野生的。人们的热情让玛丽疲惫不堪,但她对他们报以深切的理解。不过,玛丽还是难以接受一些东西,比如他们特意为她量身定做的教授长袍……

玛丽首先参观的是女子大学。她所到之处,都有穿着白色衣裙的女孩们挥舞着彩旗在道路两旁列队欢迎,她们还成群结队地穿过操场,迎接她的马车。在纽约举行的一次盛大聚会上,女大学生们排成长队,轮流向她献上法国百合和美国玫瑰。出席聚会的还有各国大使和一些重要

的社会人物，玛丽被授予"纽约市荣誉市民"称号，另一位获得这项殊荣的是音乐家帕德雷夫斯基。很多年前，玛丽曾去听过他的钢琴演奏会，为他鼓掌喝彩。

伟大的日子到来了：镭元素的赠送仪式就要开始了。

位于华盛顿的白宫早已为盛宴做好了准备。美国总统和各界政要都在那里等着玛丽，但镭元素并不在这里。镭元素非常珍贵，同时有危险的放射性，所以为了安全起见，它仍然留在工厂里。一个装着镭模型的保险箱正放在东厅里，赠予仪式上，总统手里会拿着它作为一克镭的象征。

四点钟，门开了，玛丽挽着哈定总统的手臂走进会场，其他人也紧随其后。

总统发表致辞，他称赞玛丽不仅仅是一名伟大的科学家，更是一位尽职尽责的妻子和母亲。她不仅像男性科学家那样完成了自己艰苦的科研工作，还尽到了为人妻母的责任。

致辞结束后，总统将证书颁发给玛丽，还把一条坠着一把金钥匙的丝带挂到了玛丽脖子上：那是存放镭元素箱子的钥匙。在蓝色大厅里，玛丽安静地坐在椅子上，宾客们排着队和伊蕾娜、艾芙握手，因为玛丽此刻已经筋疲力尽了。

玛丽终于拥有了一克镭？但实际上并非如此！在赠予仪式的前一天晚上，梅洛尼夫人将捐赠证书拿给玛丽审阅，玛丽当时坚持要修改证书，不管多晚都要找律师来做公证，这克镭是属于实验室的。梅洛尼夫人建议一周后再进行也不迟，玛丽坚决地拒绝了："不行，也许我今晚就会离世。"所以这克镭是属于实验室的，玛丽只是拥有使用权。

玛丽还有其他活动要参加。美国民众对让客人感到疲惫而充满歉意，竭尽所能地让玛丽保存体力。有时他们会安排她在目的地的前一站下车，等早就候在那里的人们发现时，他们又纷纷开车来追赶。有时，为了避开在车站等她的兴奋人群，玛丽不得不从火车的另一侧车门下车，跳到铁轨上，但并没有什么用。有时，伊蕾娜和艾芙会充当母亲的"替身"，当教授们对着年仅十六岁的艾芙大谈"她伟大的发现""她一生的努力"时根本就不满足，还是盼望自己能见居里夫人一面。

但是当芝加哥的波兰裔美国人为玛丽举行欢迎盛宴时，玛丽还是欣然赴约了。在这些人眼里，玛丽就是他们遥远祖国波兰的象征，她的辉煌成就是属于波兰的。男人们和女人们都热泪盈眶地亲吻着玛丽的双手或抚摩她的裙边。

六月底，玛丽登上了返程的奥林匹克号回到巴黎，那一克镭元素被锁在船上精密的保险箱里。玛丽在给朋友们的信中提到的并不是镭，而是她喜悦的心情，她很高兴能为美国、法国和波兰之间的友谊尽到自己的微薄之力。

美国人的热情礼遇让玛丽意识到她对这个世界的意义。她意识到她的名字、她的在场，就能让自己关心的项目获得成功。从此以后，她开始去更多的地方拜访、出席各种仪式和会议。她越来越为人们所熟知。她去过南美洲、西班牙、英国和捷克斯洛伐克。哪怕在她没有到访过的中国，在一座文庙里也有一幅她的肖像，和菩萨、中国著名帝王的画像并排挂在一起。

每次旅程，她都能发现新的风景。她喜欢跃出水面、在空中滑翔的飞鱼；在赤道附近，影子就像消失了一样，她觉得非常有趣；她还喜欢在不同的地方见到各种野花。

除了能看到自己喜爱的事物外，玛丽也在为她热爱的事业而努力奋斗。和所有热爱世界和平、致力于服务全人类的人一样，玛丽痛恨战争。她愿意在战争中做一名保卫祖国的士兵，但在和平年代，她渴望避免更多战争的发生。玛丽拒绝加入那些浪费科研时间的各种协会，但有一个例外：国际联盟理事会。她被国际联盟理事会提名为会员，它的成员都致力于促进不同国家的合作。该协会也被称为国际智力合作委员会，玛丽不愿意只在其中讲讲话，她开始做一些力所能及的实事：对科学术语进行了统一，让各国科学界人士使用相同的科学术语；制作科学书籍和文献的目录，这样便于研究人员迅速查找他人的研究成果。

接下来，玛丽想要设立一个项目来帮助那些贫穷但有科学天赋的人。她认为对天才放任不理是世界上最可怕的浪费。她竭尽全力想要创造一个自由、和平与科学能更快发展的世界。现在巴黎的镭研究所已经正常运作，玛丽决定在华沙也建立一个镭研究所。她的姐姐布洛妮娅就在波兰，能帮助她把这一想法实现。很快，波兰全国上下都贴满了海报；邮局开始出售印有玛丽头像的邮票；明信片上印着"请为玛丽·斯克沃多夫斯卡·居里研究所的建设添砖加瓦"的口号，上面还有玛丽的亲笔题词:"我最热切的愿望就是在华沙创建一个镭研究所。"

1925年,玛丽回到华沙参加研究所的奠基仪式。波兰共和国的总统为研究所砌下第一块砖,玛丽砌下了第二块。总统笑着问玛丽是否还记得他当年穷困潦倒时玛丽曾借给他一个旅行靠枕。玛丽笑着回答:"是的,不过您忘了还我。"她还记得。在舞台上向玛丽致辞的著名演员不是别人,正是科塔尔宾斯基先生,玛妮娅曾用野花编成花环献给他。

但是镭研究所没有镭的话多么可笑。梅洛尼夫人再次伸出了援手,她在美国成功募捐到购买一克镭所需的资金,玛丽也因此又去了一趟美国。但这一次是代表波兰感谢美国。她这次住在白宫,这里到处都是象的雕塑,大象、小象、小小象、白象,玛丽觉得很有趣。临别时,玛丽获赠了两个象雕,一只象牙做的小象,还有一只非常小的。大象是共和党的徽标。带着两个象雕和一克镭,玛丽回到华沙,看到研究所开始用镭疗法治疗病人,她非常开心。

正如当年还是小女孩时一样,玛丽在维斯瓦河畔散步时,写下了自己的感触:

河水蜿蜒向前,舒缓流淌。近处的河水是灰色的,远处如天空般蔚蓝。迷人的沙洲在阳光下闪闪发光。沙洲边缘有一条颜色醒目的标尺,标出了深水的界限。我多想在这些波光粼粼的沙洲岸边漫步……有首歌这样唱:"波兰河充满了魅力,一旦爱上便至死不渝。"对我来说,确实如此,这条伟大的河流对我有着难以言说的魅力。

· 第十九章 ·
美好的假期

布列塔尼有一个地方，粉红色的花岗岩峭壁一直绵延至蔚蓝、清澈的大海，海面风平浪静，周围数千个礁石岛屿将大西洋汹涌的波浪阻挡在外。岩石间的低洼处有一个叫拉库斯特的小村落，渔民们在此聚集定居，布列塔尼的渔妇们戴着用以遮风挡雨的白色宽檐亚麻帽，进进出出。

在一片荒野高处，有一座看起来像灯塔的房子，那就是玛丽的度假小屋，虽然有些破旧，但面对着平静的大海，风景秀丽。在拉库斯特，玛丽就是个不起眼的普通人。村子里住着一位身材不高、有点儿驼背的老人，那双藏在眼镜下的眼睛总是笑眯眯的，待人热情，大家亲切地称他"老国王"。他的房子是一座狭长低矮的村舍，五叶地锦、西番莲和灯笼海棠一直从地面攀缘到屋顶上。这座房子被叫作"达山维昂"，在布列塔尼的方言里意思是"小果园"。只要不刮东风，这座房子的屋门总是敞开的，"老国王"的宾客们——玛丽、伊蕾娜、艾芙、弗雷德里克·约里奥、孩子们、科学家和作家——热情到访，所有人都爱戴他、尊敬他，愿意和他待在一起。这位"老国王"就是大名鼎鼎的查尔斯·瑟诺博斯[①]，有史以来最博学的历史学家之一。他发现了拉库斯特，每年夏天，巴黎的著名学者、教授都会来此度假。

每天早上，玛丽都会戴着一顶褪色的亚麻帽子，身穿一条旧裙子，脚上穿着凉鞋，还有一件所有当地人——不管渔民还是卖鱼妇——都穿的黑色双排扣夹克衫，沿着陡峭的山路从荒野上走下来，走到达山维昂那鲜花盛开的房前。

"早上好，居里夫人！"瑟诺博斯说道。

"早上好！"十五个躺在草地上的人也跟着打招呼，他们穿着古怪，看起来像一群吉卜赛人。

玛丽把背包扔在草地上，在一旁坐下。拉库斯特和其他地方一样，也有着明显的等级之分，但和大多数村庄的分法截然不同。在拉库斯特，等级最低的被称为"俗人"，指那些不请自来的陌生人，在这里不受欢迎。再高一级的是"大象"，会被当作朋友，但他们也是不幸的"旱鸭子"，因为不擅长在海上生活。他们很可怜，需要帮助。再往上一级，是"水手"，是那些配得上这个称呼的拉库斯特人。最高一级就是"鳄鱼"，指那些熟悉海湾、擅长行船划桨的高级水手。玛丽从来都不是"俗人"，但她也不可能成为"鳄鱼"。她做了不长时间的"大象"，后来成为一名"水手"。

[①] 查尔斯·瑟诺博斯，法国历史学家，以编写大学、中学教科书获得声誉。

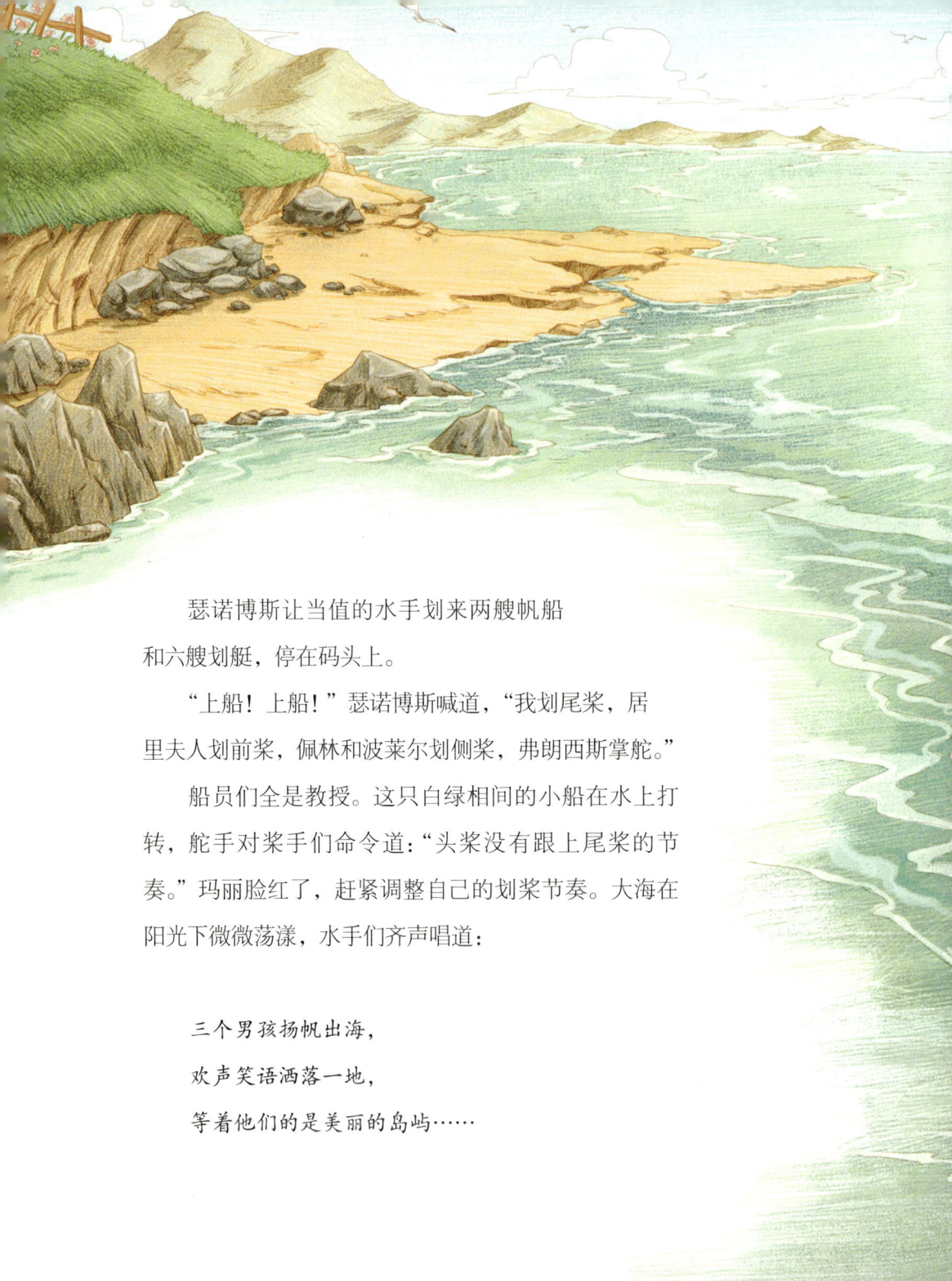

　　瑟诺博斯让当值的水手划来两艘帆船和六艘划艇，停在码头上。

　　"上船！上船！"瑟诺博斯喊道，"我划尾桨，居里夫人划前桨，佩林和波莱尔划侧桨，弗朗西斯掌舵。"

　　船员们全是教授。这只白绿相间的小船在水上打转，舵手对桨手们命令道："头桨没有跟上尾桨的节奏。"玛丽脸红了，赶紧调整自己的划桨节奏。大海在阳光下微微荡漾，水手们齐声唱道：

三个男孩扬帆出海，
欢声笑语洒落一地，
等着他们的是美丽的岛屿……

唱完第三首歌，该换桨了，因为需要身强力壮的水手带他们穿过湍急的水流，前往紫色的达罗克瓦拉斯岛。男士们就在海鸥栖息的海岸上换衣服，女士们就在一个满地水草的岩石后面更换泳衣。

玛丽第一个跳进凉爽清澈的海水中。她虽然不会自由泳，但她仍是一名游泳好手。在水中，玛丽好像变年轻了，灰白的头发藏在泳帽下，也看不到她的皱纹。她身材苗条优雅，姿势敏捷，颇为自己的游泳技巧感到自豪。"我比波莱尔游得好多了。"她对艾芙喊道。艾芙不会阿谀奉承，如实答道："是的，妈妈，好多啦，他哪里比得上你！"

游完后，玛丽躺在岸边晒着太阳，吃了一片干面包。"真舒服啊！"她不由发出愉快的感叹。她有时看着岩石、天空、海

水，赞叹道："真美啊！"拉库斯特的美是无须人们多言的。这里是世界上最美的地方，住在这儿的人都这样认为。

中午时分，他们驾着船一路欢歌回到家中。玛丽赤着脚，一手抓起裙子，一手拿着凉鞋，踩着黑泥，穿过成群结队正在岸边休憩的白海鸥，来到岸上。

他们解散后各自回家吃午饭，下午两点又会聚集到达山维昂，准备乘坐野玫瑰号游艇出海。这些汽艇和船只都是瑟诺博斯的。他拥有这一切，而且他喜欢把这一切和朋友们分享。这一次玛丽没有乘坐游艇出海，她觉得太累了，一个人留在灯塔般的家里修改论文，随后又拿着铁锹、铲子和修剪花木的剪刀在花园里忙活。她喜欢打理花园，哪怕皮肤被荆棘划破出血，脚踝被岩石扭伤，或者不小心用锤子砸到手指，她也不在乎，真正地乐在其中。下午六点钟，玛丽又来到海边晒太阳，然后去达山维昂陪着一位上了年纪的老妇人，等待玫瑰号归航。扬着白帆的游艇在夕阳的余晖下归来，镀上了一层美丽的金色，快乐的船员们沿着小径走进屋来。伊蕾娜和艾芙也在其中，她们头上戴着瑟诺博斯送给她们的粉色康乃馨，这成了惯例，每次出发前，瑟诺博斯都要送花给她们戴。

吃过晚饭，大家又聚到达山维昂敞开的大门旁。他们有时会玩拼单词或猜字谜的游戏，有时也会踢球。他们也会用手风琴演奏老式音乐，所有人——无论是科学家还是渔民，无论是主人还是仆人——都会一起翩翩起舞，尽兴而归。

在晴朗的夜晚，玛丽、伊蕾娜和艾芙有时会手挽着手沿着海边蜿蜒

· 164 ·

的小路散步。突然吹来一阵海风，夹杂着海浪拍打礁石的声音，这让玛丽想到她的镭元素，它不正如大海一样神秘而危险吗？拉库斯特和潘波勒离得很近。拉库斯特人日日在阳光照耀下的大海中嬉戏玩闹。但潘波勒人以出海捕鱼为生，他们最了解大海的变幻莫测和危险。

每年假期，玛丽都会来到波光粼粼的海边玩。工作时，她专心致志地研究镭，每天暴露在镭射线中，这不仅灼伤了她的皮肤，也对她的血液产生了极大的伤害。玛丽总是严厉地要求别人穿上厚重的铅服防止放射的侵害，但自己却很少这样做。她病倒了，连法国最著名的医生也束手无策。

1934年7月4日，玛丽·居里在桑塞罗谟疗养院永远地离开了人世，死于一种不明疾病，后来医生们猜测，她的病肯定与她的伟大发现——镭元素有极大的关系。

图书在版编目（CIP）数据

居里夫人的故事 /（英）埃列娜·杜尔利著；詹婷编译；可宸绘. -- 北京：科学普及出版社，2025.4.
（国际大奖儿童文学）. -- ISBN 978-7-110-10858-1

Ⅰ. K835.656.13-49

中国国家版本馆CIP数据核字第2024FX4524号

总 策 划	周少敏
策划编辑	白李娜
责任编辑	白李娜
封面设计	书心瞬意
版式设计	翰墨漫童
责任校对	焦　宁
责任印制	徐　飞

出　　版	科学普及出版社
发　　行	中国科学技术出版社有限公司
地　　址	北京市海淀区中关村南大街16号
邮　　编	100081
发行电话	010-62173865
传　　真	010-62173081
网　　址	http://www.cspbooks.com.cn

开　　本	720mm×880mm　1/16
字　　数	120千字
印　　张	11
版　　次	2025年4月第1版
印　　次	2025年4月第1次印刷
印　　刷	鸿鹄（唐山）印务有限公司
书　　号	ISBN 978-7-110-10858-1/K·220
定　　价	58.00元

（凡购买本社图书，如有缺页、倒页、脱页者，本社销售中心负责调换）